KB268833

꿩먹고 알먹는

미얀마어 첫걸음

장준영 지음

http://www.moonyelim.com

꿩먹고 알먹는 미얀마어 첫걸음

초판 2쇄 인쇄 2017년 8월 17일
초판 2쇄 발행 2017년 8월 23일

지은이 장준영

발행인 서덕일
펴낸곳 문예림
주소 경기도 파주시 회동길 366 (10881)
전화 (02)499-1281~2
팩스 (02)499-1283
E-mail info@bookmoon.co.kr

출판등록 1962.7.12 (제406-1962-1호)
ISBN 978-89-7482-777-9 (13790)

머리말

미얀마는 동남아와 서남아를 잇는 관문으로서 최근 들어 그 지정학적 가치가 급부상하여 한국을 비롯한 강대국의 이목을 집중시키고 있다. 일찍이 동남아와 서남아의 교차로로서 미얀마에는 다양한 문명이 공존했는데, 인도의 룽기(lungi)와 중국의 상의를 수용한 미얀마의 복식(服飾)문화가 이를 단적으로 증명한다.

언어적인 측면에서도 미얀마에는 두 문명이 공존한다. 우선 문자면에서 보면, 미얀마어는 기원전 5세기부터 기원후 3세기까지 인도에서 발달한 브라흐미(Brahmi, 梵字) 문자군에 속한다. 현재 브라흐미 문자는 완전히 소멸되었지만, 인도 반도, 동남아지역, 일부 중앙아시아에서까지 이 문자를 원형으로 하여 다양한 문자가 고안 및 진화되었다.

상좌불교(소승불교)권 동남아에서도 이 브라흐미 문자를 원형으로 하고, 인도의 문명어인 산스크리트어(Sanskrit)와 불교경전을 기록한 빨리어(Pali)의 문자 체계를 도입하여 현지 문자화를 이룩했다. 특히 초기 동남아 문자는 인도 남부의 고대문자인 팔라바-그랑타 계통의 문자와 흡사했는데, 짬(Cham)문자, 크메르(Khmer)문자, 몽(Mon)문자, 자바(Java)문자, 쀼(Pyu)문자 등은 이 계통에서 파생했다. 그 중 크메르문자와 몽문자가 오늘날 태국문자와 미얀마 문자에 영향을 끼치는 등 대륙부동남아 대부분의 문자 형성에 효시가 되었다.

언어계통으로 보았을 때 미얀마어는 중국-티베트어족(Sino-Tibetan)의 하위어파인 티베트-버마어파(Tibet-Burmese)의 한 부류로 아카어(Akha), 라후어(Lahu) 등의 롤로어군(Rolo)과 버마어, 아찌어(Atzi) 등이 포함된 롤로-버마어계(Rolo-Burmese)에 속한다. 티베트-버마어파에 속하는 언어는 미얀마 전지역, 태국 북부지역, 티베트, 운남성, 사천성, 인도 동부 등 광활하게 분포하며, 그 언어 수만 해도 약 400가지 이상, 언어 사용자는 약 4천 만 명 이상이다.

미얀마어는 중국-티베트어족의 공통점을 모두 공유하고 있는데, 성조는 3성조(폐쇄음 포함시 4성조)이며, 유성음(유기음)과 무성음(무기음)이 대립을 이룬다. 33개의 자음과 각 성조별로 구성되는 7개의 모음과 독립 모음문자 9개를 포함하여 16개의 모음이 있으며 빨리어에서 전사한 단어들도 현재까지 광활히 사용된다.

문법체계는 느슨한 편으로 술부의 종조사나 전치사의 생략이 심한 편이고, 시제에 있어서도 매우 관대한 편이다. 어순은 한국어와 같은 주어+목적어+동사의 형태를 띠며, 동사가 생략되거나 목적어와 주어의 도치가 발생하더라도 문장이 성립되기도 한다. 명사를 수식하는 형용사가 반드시 수식어구의 앞에 위치하지 않는 것이 차이나며, 인칭과 시제에 따라 동사의 변화도 없으며, 명사에 성(姓)도 없다. 불교문화의 영향력으로 승려만 사용하는 용어가 존재하며, 구어체와 문어체의 확연한 구분이 있으며 문어체에만 사용되는 전용문자도 있다. 일반적으로 문어체에서 사용되는 단어는 구어체 유사한 의미의 단어를 조합하거나 독립적으로 사용하기도 한다.

2011년 미얀마에 신정부가 수립된 이후 신흥시장으로 각광받고 있는 미얀마에 대한 우리의 인지도는 매우 약하고 정보는 엉터리이거나 심하면 왜곡된 경우도 허다하다. 몇몇 여행자들이 써 놓은 여행책자에 소개된 현지어는 활용가치가 떨어질 뿐만 아니라 발음이나 문법적으로 체계적이지 않아 미얀마어를 학습하려는 자들에게 별다른 도움을 주지 못한다.

미얀마 연구자이지만 언어학에 문외한인 이유로 선뜻 문법책을 펴내는 것이 필자는 무척 두려웠다. 그러나 향후 미얀마와 한국의 관계가 확대되고, 한국기업들이 미얀마에 진출하면서 겪게 되는 언어적 장벽을 조금이나마 해소하는데 도움을 드리고자 고통과 갈등을 뒤로하고 만용으로 몇 개월간 집필에 매진했다. 이 책을 집필하는 과정에서 필자는 학부부터 수학한 강의 자료와 현지에서 출판된 다양한 서적들을 참고했다. 학부부터 미얀마어와 미얀마의 모든 것에 대한 큰 가르침을 주신 고(故) 먀뗑(U Mya Thein) 선생님을 이 책을 통해 추억하고 싶다. 바쁜 와중에도 녹음을 도맡아준 경희대 박사과정 먓띠다우(Ma Myat Thida Oo)에게 심심한 감사의 마음을 표한다. 아무쪼록 이 책이 한국의 미얀마 연구와 미얀마의 이해를 도모하고 저변을 확대하는 작은 밀알이 되었으면 한다.

2013년 12월

장 준 영

Contents

제 1 부

자음과 모음

자음 따라쓰기

/k/ kạ-ji:

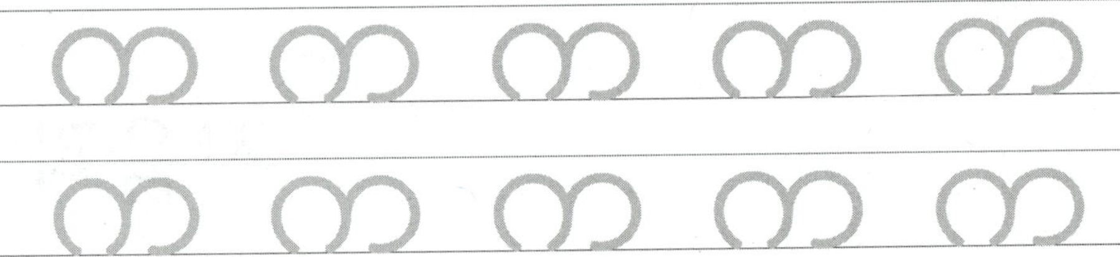

/hk/ hkạ-gwe

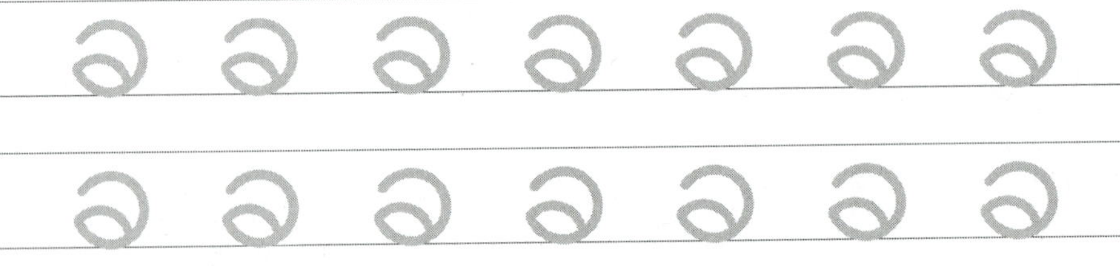

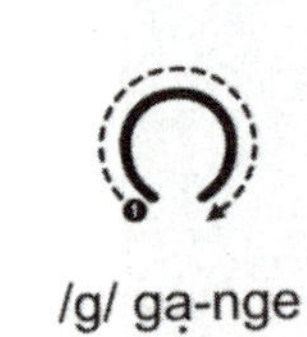

/g/ gạ-nge

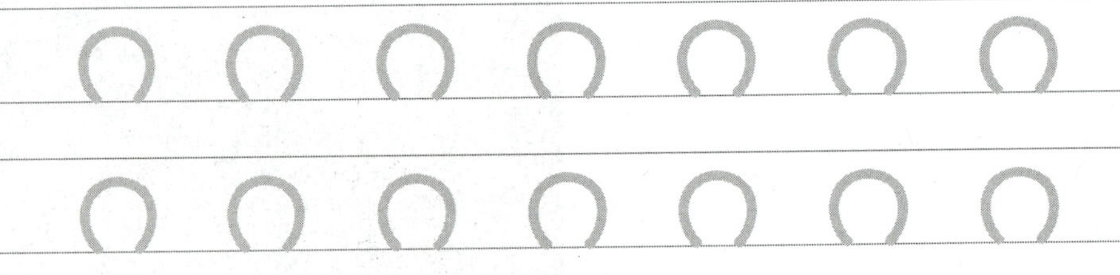

/g/
gạ-ji:

/ng/ ngạ

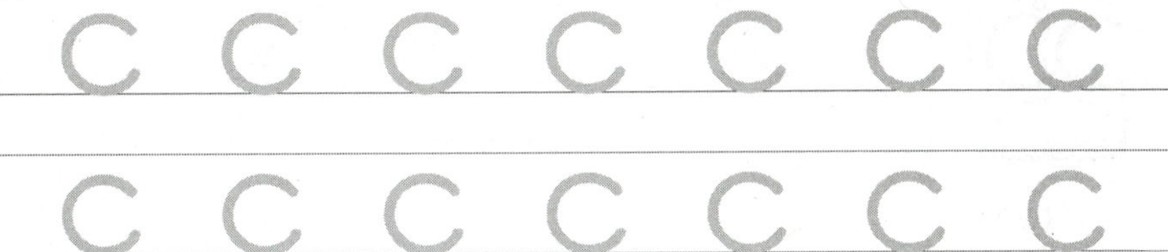

/s/ sạ-lon:

/hs/ hsạ-lein:

/z/ zạ-gwe:

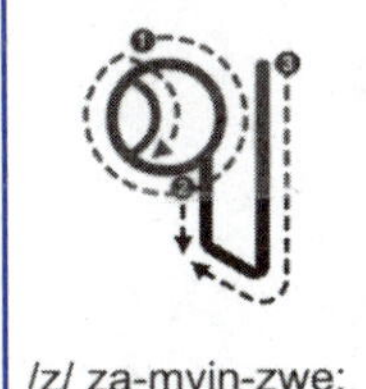

/z/ zạ-myin-zwe:

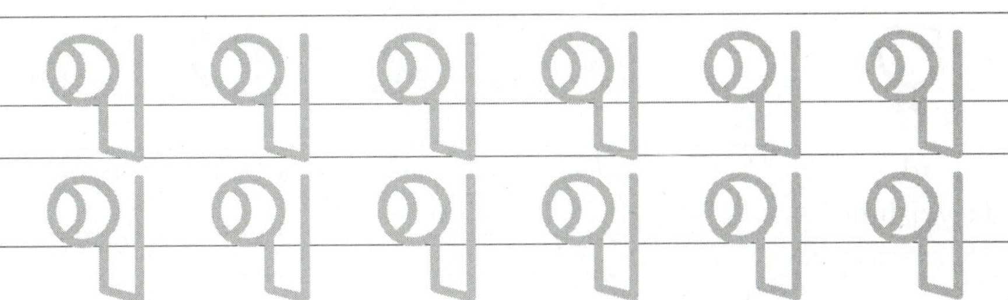

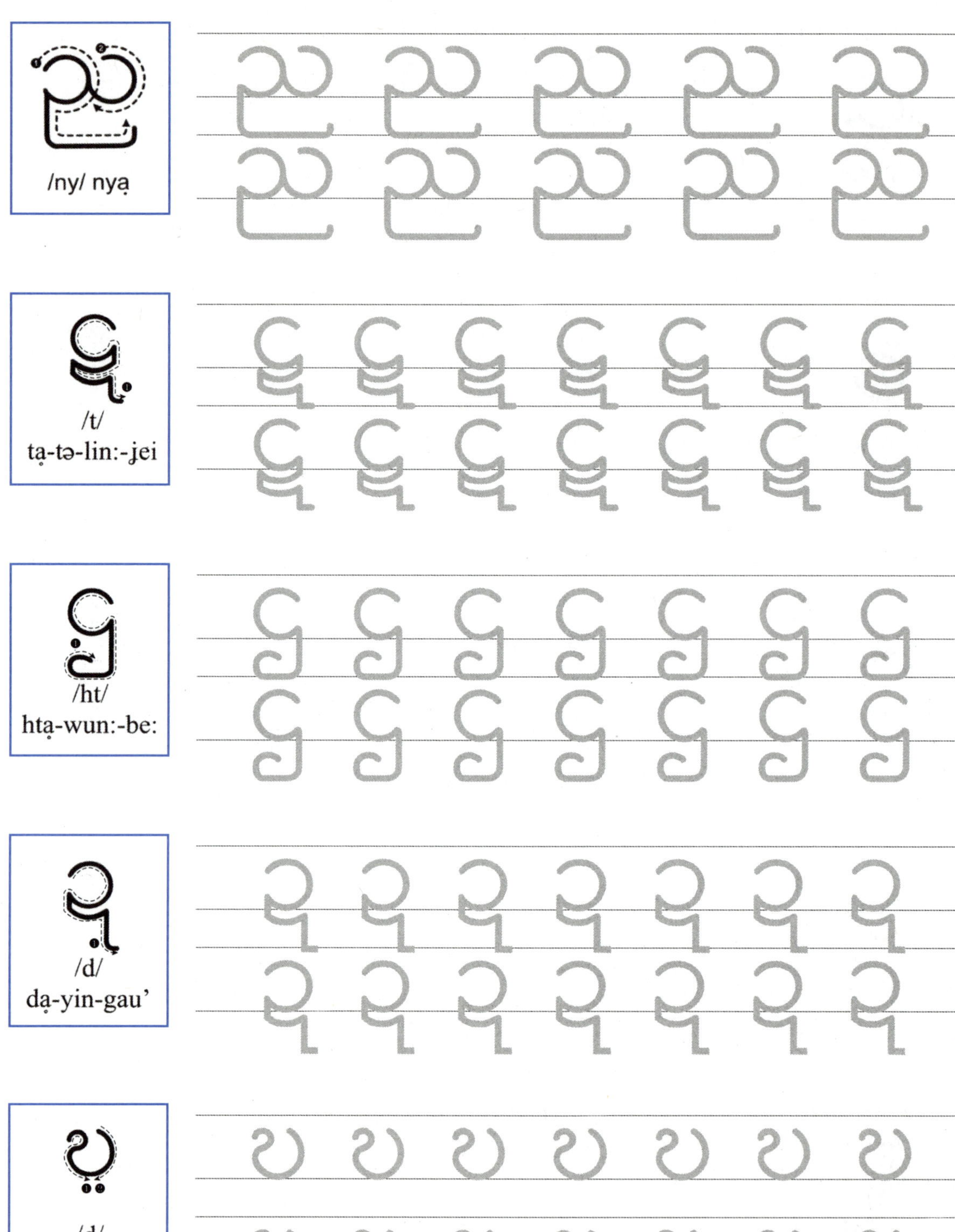
ည
/ny/ nyạ
ဋ
/t/
tạ-tə-lin:-ɟei
ဌ
/ht/
htạ-wun:-be:
ဍ
/d/
dạ-yin-gau'
ဎ
/d/
dạ-yei-hmo'

/n/ nạ-ɟi:

/t/ tạ-wun:-bu

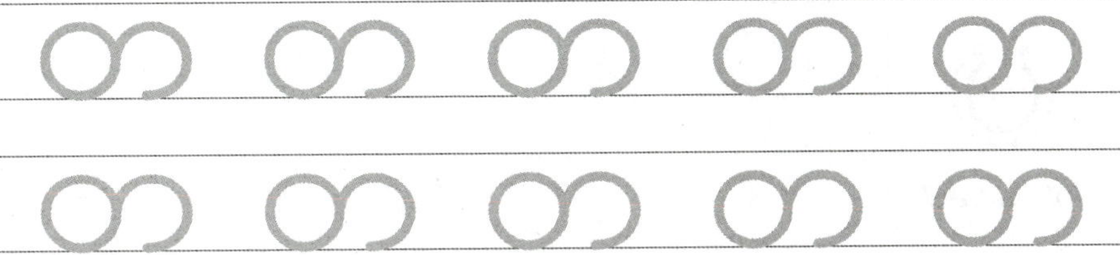

/ht/ htạ-hsin-du

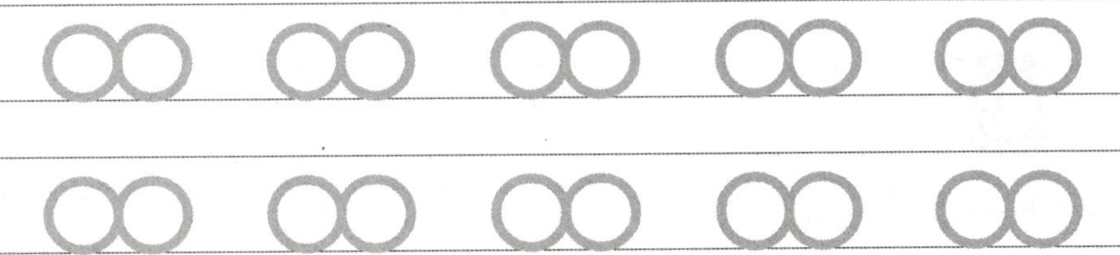

/d/ dạ-dwe:

/d/ dạ-au'-chai'

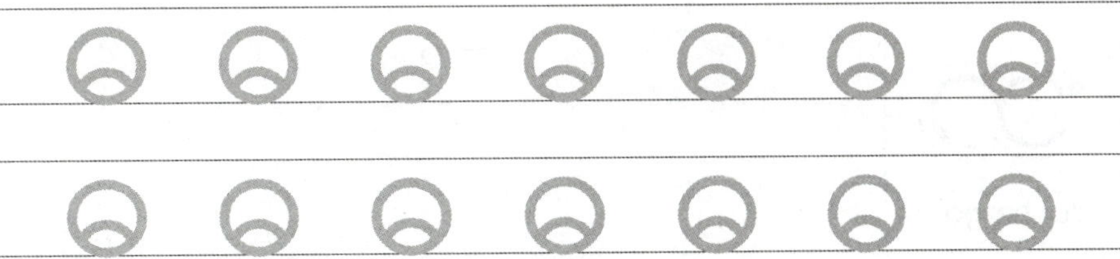

/n/ nạ-nge

/p/ pạ-zau'

/hp/ hpạ-o:-hto'

/b/ bạ-də-chai'

/b/ bạ-gon:

/m/ mạ

မ မ မ မ မ မ မ

မ မ မ မ မ မ မ

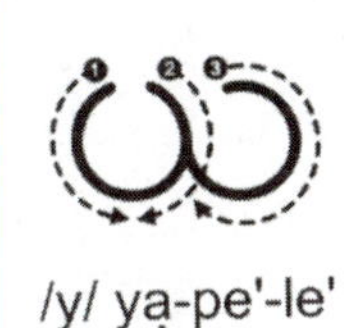

/y/ yạ-pe'-le'

ယ ယ ယ ယ ယ

ယ ယ ယ ယ ယ

/y/ yạ-gau'

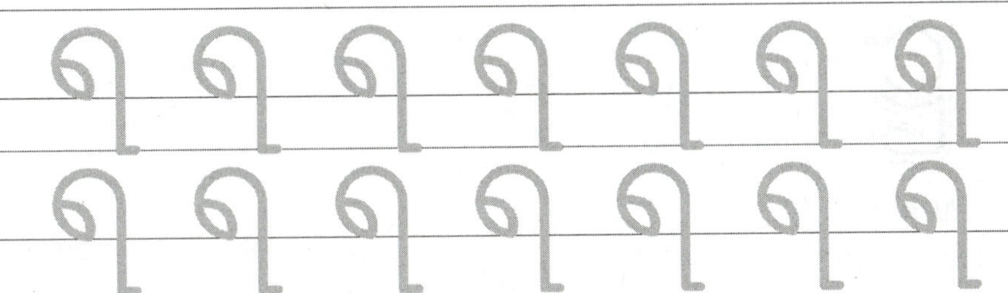

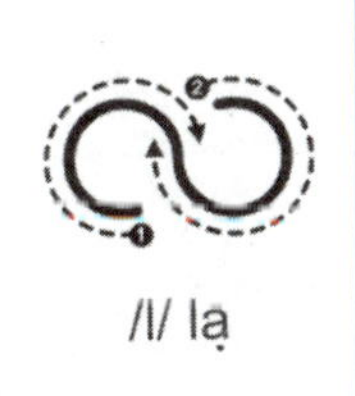

/l/ lạ

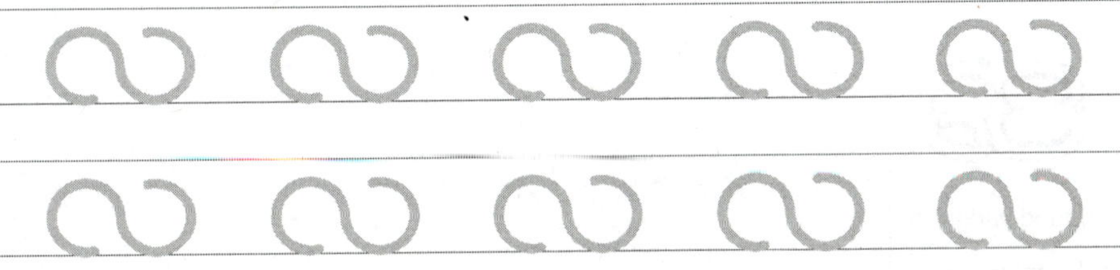

/w/ wạ

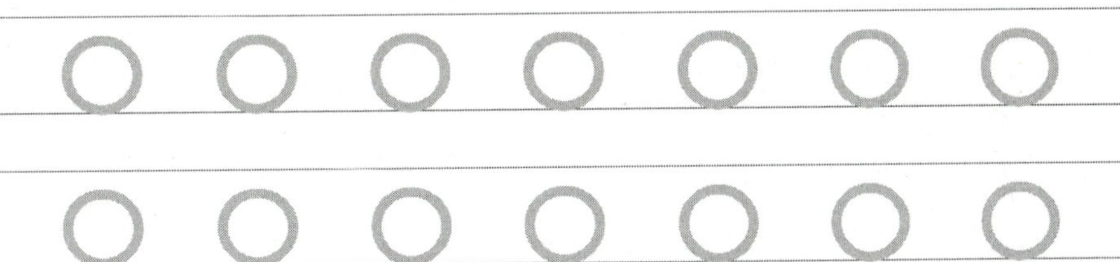

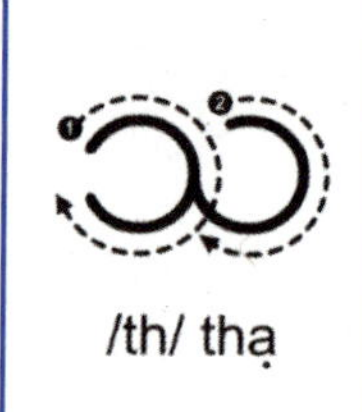

/th/ thạ

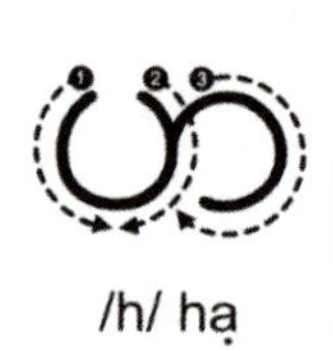

/h/ hạ

/l/ lạ-ji:

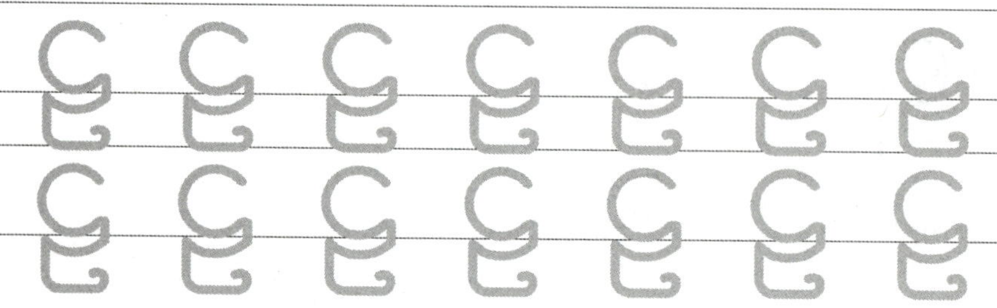

/sound varies/ ạ

숫자 따라쓰기

thon-nyạ (0)

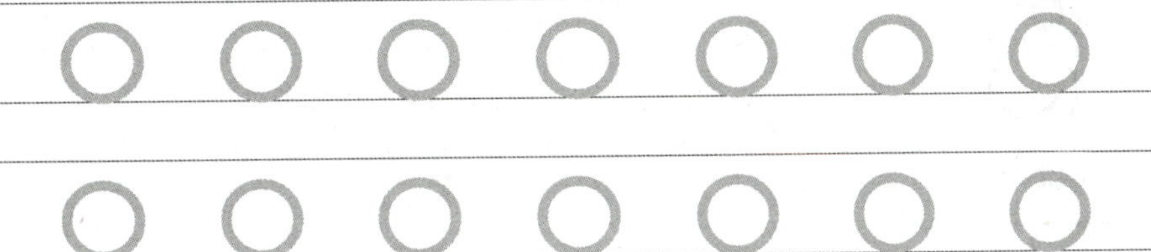

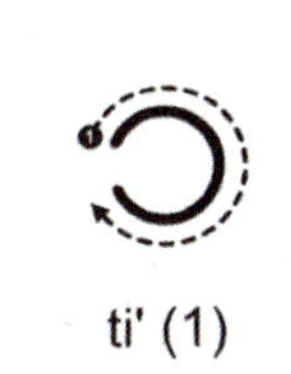
ti' (1)

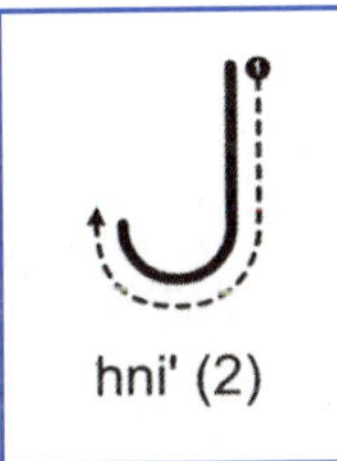
hni' (2)

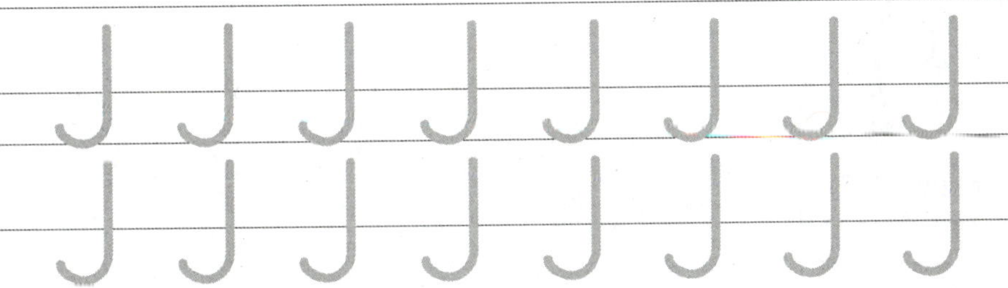

thon: (3)

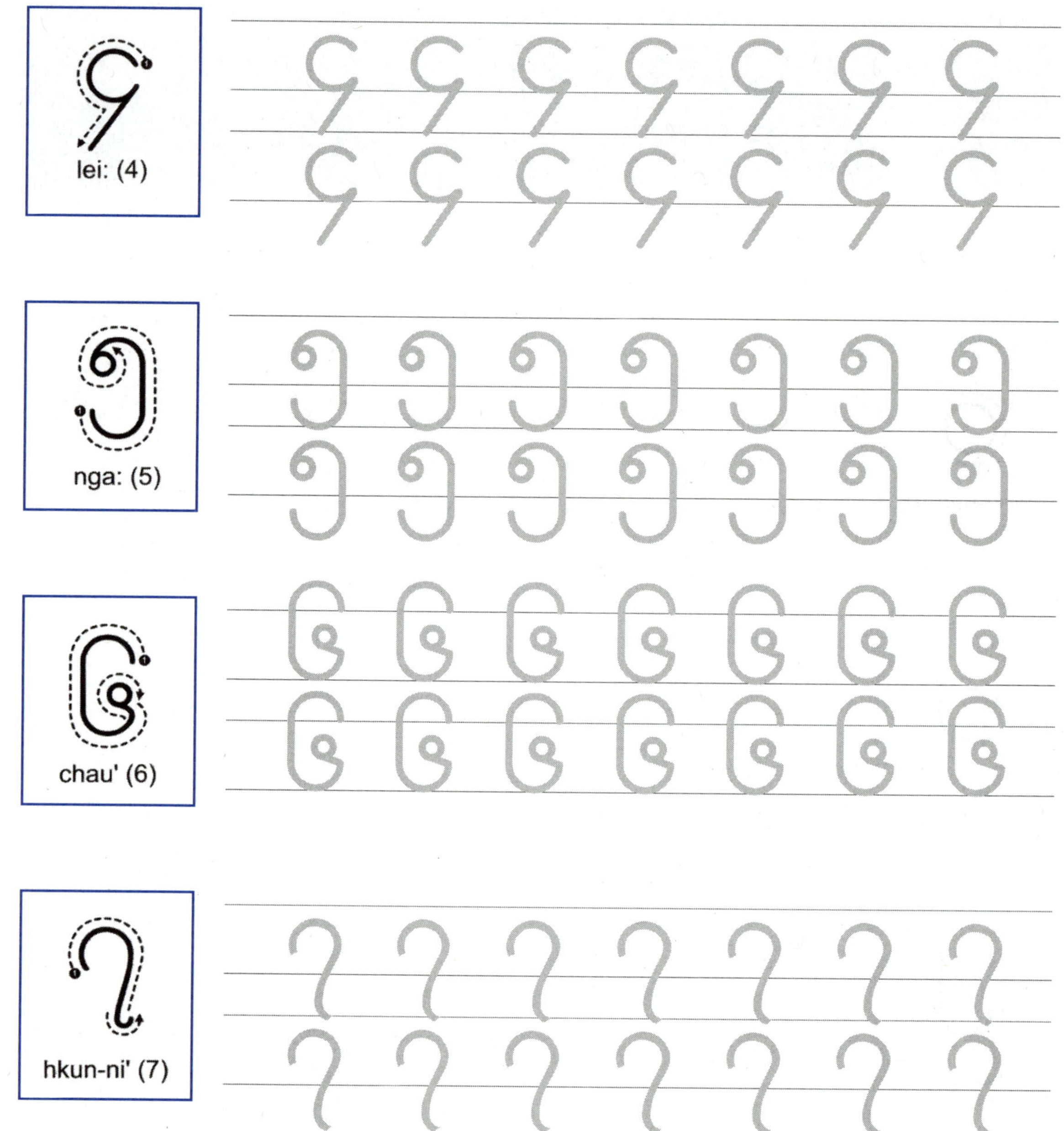
lei: (4)
nga: (5)
chau' (6)
hkun-ni' (7)

shi' (8)

ko: (9)

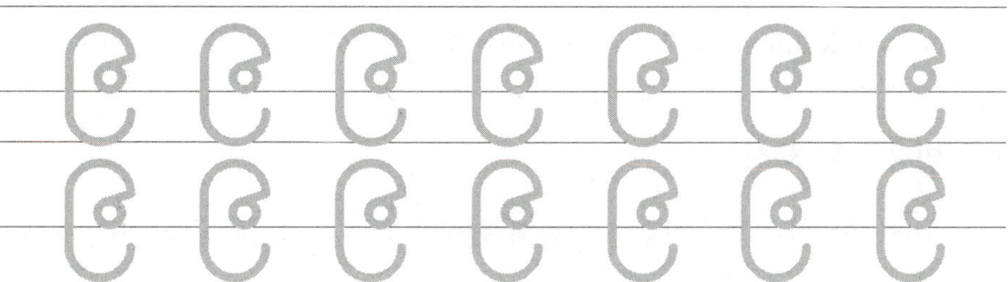

1. 미얀마어의 기본발음

1.1 성조

종 류	발음법	표기법	용례
평성조(Usual tone)	평성음	---	---n
고성조(High tone)	평성보다 한 성조 높게	---:	---n:
하강조(Falling tone)	떨어지는 성조	---.	---n.
폐쇄음(Glottal stop)	올라가 성대가 막히는 톤	---ʔ	

1.2 발음기호 표시

이 책에 사용되는 발음기호는 다음의 원칙에 따른다. k, s, t, p, th는 된소리(ㄲ, ㅆ, ㄸ, ㅃ, ㄸ(이 사이에 혀를 끼운 뒤 입 안쪽으로 혀를 빼면서 발음)), hk, hs, ht, hp는 거센소리(ㅋ, ㅅ, ㅌ, ㅍ)로 발음한다. 그 외 기호는 국제음성기호 표기법에 따른다.

성조는 1성은 [.] , 2성은 표시가 없고, 3성은 [:]로, 성문폐쇄음은 [ʔ]로 표기한다. [e]의 경우 한국어 발음 '에'로, [ɛ] 는 '애'로 표기한다. [ɔ]는 한국어 발음 '어'와 '오' 중간 발음이며, [ou]는 '오'와 '오우'의 중간발음이다.

2. 자음(33자)

					독립발음		
Ka열	က까	ခ카	ဂ가	ဃ가	င응아		
Sa열	စ싸	ဆ사	ဇ자	ဈ자	ည냐(ဉ)		
Ta열	ဋ따	ဌ타	ဍ다	ဎ다	ဏ나 → 빨리어 전용문자		
Ta열	တ따	ထ타	ဒ다	ဓ다	န나		
Pa열	ပ빠	ဖ파	ဗ바	ဘ바	မ마		
Ya, La, Tha열	ယ야	ရ야(라)	လ라	ဝ와	သ(ဿ)따	ဟ하	ဠ라
A	အ아						

3. 자음의 명칭

음가	명칭	발음
က	ကကြီး [ka.gy(j)i:]	까.지:
ခ	ခခွေး [hka.gwe:]	카.궤:
ဂ	ဂငယ် [ga.ŋɛ]	가.응애(강애)
ဃ	ဃကြီး [ga.gy(j)i:]	가.지:
င	င [ŋa.]	응아.

음가	명칭	발음
စ	စလုံး [sa.loun:]	싸.롱:
ဆ	ဆလိမ် [hsa.lein]	사.레잉
ဇ	ဇကွဲ [za.gwɛ:]	자.괘:
ဈ	ဈမျဉ်းဆွဲ [za.myi:wɛ:]	자.뮌:즈왜:
ည	ည [ň(ny)a.]	냐.
(ဉ)	ဉကလေး [ň(ny)a.gəle:]	냐.그-ㄹ레:

*** 빨리어(Pali) ***

음가	명칭	발음
ဋ	ဋသံလျင်းချိတ် [ta.thəlin:gy(j)eiʔ]	따.떨링:제잇ʔ
ဌ	ဌဝမ်းဘဲ [hta.wun:bɛ:]	타.원:배:
ဍ	ဍရင်ကောက် [da.yingauʔ]	다.잉가웃ʔ
ဎ	ဎရေမှုတ် [da.yehmouʔ]	다.예(흐)모웃ʔ
ဏ	ဏကြီး [na.gy(j)i:]	나.지:

음가	명칭	발음
တ	တဝမ်းပူ [ta.wun:bu]	따.원:부
ထ	ထဆင်ထူး [hta.hsindu:]	타.신두:
ဒ	ဒထွေး [da.dwe:]	다.뒈:
ဓ	ဓအောက်ခြိုက် [da.auʔchaiʔ]	다.아웃ʔ차잇ʔ
န	နငယ် [na.ŋɛ]	나.응애(낭애)

ပ	ပဇောက် [pa.zau?]	빠.자웃?
ဖ	ဖဦးထုပ် [hpa.ou?htou?]	파.오웃?토웃?
ဗ	ဗထက်ခြိုက် [ba.ləchai?]	바.러차잇?
ဘ	ဘကုန်း [ba.goun:]	바.고웅:
မ	မ[ma.]	마.

ယ	ယပက်လက် [ya.pɛ?lɛ?]	야.뺏?랫?
ရ	ရကောက် [ya.gau?]	야.가웃?
လ	လ [la.]	라.
ဝ	ဝ [wa.]	와.
သ	သ [tha.]	따.
(ဿ)	ဿကြီး [tha.ji:]	따.지:
ဟ	ဟ [ha.]	하.
ဠ	ဠကြီး [la.ji:]	라.지:
အ	အ [a.]	아.

4. 매개자음(개(開)자음) : 초성자음에 하나 이상의 자음이 첨가되어 이중 발음을 내는 형태

4.1 자음 ယ[ya.]에서 파생된 매개자음으로 초성자음 다음에 위치하며 초성자음과 결합하여 발음된다. 두 매개자음은 발음이 같으나 뜻이 다른 동음이의어임에 주의해야 한다.

◻ျ [-y-] ယပင့်[ya.pin.] 야.삥. ex) မျ[mya.] 먀.

※ 결합 자음: က၊ ခ၊ ဂ၊ ဃ၊ ပ၊ ဖ၊ ဗ၊ မ၊ ယ၊ သ၊ လ

ြ◻ [-y-] ရရစ်[ya.yi?] 야.익? ex) မြ[mya.] 먀.

※ 결합 자음: က၊ ခ၊ ဂ၊ င၊ ဃ၊ ဒ၊ ပ၊ ဖ၊ ဗ၊ မ

4.2 자음 ဝ[wa.]에서 파생된 매개자음으로 역시 초성자음 다음에서 초성자음과 결합하여 발음된다.

ွ [-w-] ဝဆွဲ[wa.hswɛ:] 와. 스왜: ex) မွ[mwa.] 므와(뫄).

4.3 자음 ဟ[ha.]에서 파생된 매개자음으로 초성자음 앞에 위치하며 무성음 [ha.] 음가를 낸다. 발음은 콧바람을 먼저 낸 다음 발음 원칙에 따른다.

ှ [h-] ဟဟထိုး[ha.htou:] 하. 토: ex) မှ[hma.] 흐마.

※ 결합 자음: င၊ ည၊ ဏ၊ န၊ မ၊ ယ၊ ရ၊ လ၊ ဝ၊ သ

4.4 자음 매개자음이 포함된 특수한 발음 : 매개자음뿐만 아니라 미얀마어의 발음은 여러모로 많이 원칙에 어긋나는 경우가 많다. 다음의 매개자음들은 특수한 경우로 표현되므로 숙지해야 한다.

1. ကျ 원래대로 발음하면 [ka+ya.] (꺄)로 발음이 되겠지만 실제로는 '짜.'[kya.]로 발음된다. 마찬가지로 ကြ도 '짜.'[kya]로 발음된다.
2. ချ 원래대로 발음하면 [hka+ya.] (캬)로 발음되지만 '차.'[cha.]로 발음된다. 마찬가지로 ခြ도 '차.'[cha.]로 발음된다.
3. ဂျ와 ဂြ는 [ja.] (자.)로 발음된다.
4. ငြ는 [ň(ny)a.] (냐.), 그러나 ငျ라는 글자는 없다.
5. တျ는 [təya.] (떠야.), တြ는 [təra.] (떠라.)로 발음된다.
6. ဒြ는 [dəya.] (더야.), ဒျ라는 글자는 없다.
7. ယျ는 [ya.] (야.), ယှ와 ရှ는 [š(sh)a.] (샤.)로 발음된다.
8. လျှ는 경우에 따라 [hlya.] (흘야.)와 [š(sh)a.] (샤.) 등 두 가지 발음이 나는데 빈도 면에 있어서 후자 쪽이 더 많다.
9. လျ도 경우에 따라 [lya.] ((을)야.), [ya.] (야.) 등 두 가지 발음이 나는데 빈도 면에 있어서 후자 쪽이 더 많다.
10. သျှ는 [š(sh)a.] (샤.), သြ는 [ɔ:] (오: 또는 어:)로 발음된다.

5. 모음

미얀마어의 모음은 두 형태로 나타난다. 즉 고유 음가를 가진 모음, 자음을 모음화 형태로 변환하여 다시 자음과 결합하는 형태로써 5.1이 전자, 5.4가 후자에 해당된다. 7개에 해당되는 단모음은 [a, i, u, e, ɛ, ɔ, o] 로써 5.1의 기본 모음에 모두 포함된다. 그러나 5.4의 표와 같이 기본 단모음에 종성 자음에 어땃(□် အသတ်[əthaʔ])을 붙여 모음화한 것을 폐음절이라고 부른다. 5.4 표에 음영으로 표시된 결합 예는 다수의 경우에 사용된다.

5.1 기본모음(□는 자음을 의미)

a → □ာ	ရေးချ [ye:cha.]	예:차.
	cf〉 □ါ မောက်ချ [mauʔcha.]	마웃ʔ차.
i. → □ိ	လုံးကြီးတင် [loun:gy(j)i:tin]	롱:지:띵
i → □ီ	လုံးကြီးတင်ဆန်ခတ် [loun:gy(j)i:tinhsanhkaʔ]	롱:지:띵상캇ʔ
u. → □ု	တ(စ်)ချောင်းငင် [təchaun:ŋin]	뜨차웅:잉
u → □ူ	နှ(စ်)ချောင်းငင် [hnəchaun:ŋin]	(흐)너차웅:잉
e → ေ□	သဝေထိုး [thəwehtou:]	떠.웨(웻)토:
ɛ: → □ဲ	နောက်ပစ် [nauʔpyiʔ]	나웃ʔ삐ʔ
ɛ → □ယ်	ယပက်လက်သတ် [ya.pɛʔlɛʔthaʔ]	야.빼ʔ랫ʔ땃ʔ
h- → □ှ	ရှေ့ထိုး [š(sh)e.htou:]	쉐.토(우):
1성 → □့	အောက်ကမြစ် [auʔka.myiʔ]	아웃ʔ까.뮈ʔ
3성 → □း	ရှေ့ကပေါက် [š(sh)e.ga.pauʔ]	세(시).가.바웃ʔ 또는
	ဝစ္စနှစ်လုံးပေါက် [wiʔsa.hnəloun:pauʔ]	윗ʔ싸.(흐)너롱:빠웃ʔ

5.2 자음과 모음의 결합 예

1성조		2성조		3성조		변형문자		용례
결합	발음	결합	발음	결합	발음	결합	발음	
□	-a.	□ာ	-a	□ား	-aː	□ါ	-a	ခါ
□ိ	-i.	□ီ	-i	□ီး	-iː			
□ု	-u.	□ူ	-u	□ူး	-uː	□ု □ူ	u. u	ဍု၊ ဍူ
ေ□့	-e.	ေ□	-e	ေ□း	-eː			
□ဲ့	-ɛ.	□ယ်	-ɛ	□ဲ	-ɛː			
ေ□ာ့	-ɔ.	ေ□ာ်	-ɔ	ေ□ာ	-ɔː	ေ□ါ ေ□ါ်		ခေါ်၊ ခေါ
□ို့	-ou.	□ို	-ou	□ိုး	-ouː			ခို

5.3 문자의 변형과 사례

위의 표에서 보는 바와 같이 변형 문자가 존재하는데, 기본적으로 음절 값은 원래 문자 값과 같다. 그러나 미얀마 문자의 구조상 표기에 있어서 혼돈을 줄 수 있는 문자에 한해 아래와 같이 변형된 문자를 사용한다.

1. ခ, ဂ, င, ဒ, ပ, ဝ 등 6개 문자를 2-3성조로 표시할 때, 이와 비슷한 문자와 혼돈을 방지하기 위해 □ါ[mauʔcha.] (미옷ʔ차.)를 사용한다. 예를 들어 ခ를 2-3성조로 바꿀 경우 ဆ가 되므로 □ါ를 사용하여 구분한다.

   ex) (ခာ–ဆ | ဂာ–က | ငာ–က | ဒာ–ဘ | ပာ–ဟ | ဝာ–တ)

   →(ခါ, ဂါ, ငါ, ဒါ, ပါ, ဝါ)

   그러나 상기 자음들이 매개자음부호를 수반하는 경우에는 변형부호가 사용되지 않는다.

   ex) ချာ၊ခြာ၊ခွာ / ဂျာ / ငြာ၊ငွာ၊ငှာ / ပျာ၊ပြာ၊ပွာ

cf〉 수기로 작성할 경우 위 6개 문자 이외에 ဗ, တ, ထ, ဓ, ဖ 등도 □ါ[mauʔcha.] (마웃ʔ차.)를 포함시키기도 한다.

ex) ဗါ / တါ / ထါ / ဓါ / ဖါ

2. 1의 사례와 같이 မောက်ချ [mauʔchaʔ] (마웃ʔ차.)를 사용하고, သဝေထိုး [thəwehtou:] (떠웨토:)와 결합하여 2성 음가(ာ)를 낼 경우 မောက်ချ [mauʔchaʔ] (마웃ʔ차.)의 2성 표기는 ေ□ါ်과 같이 함.

ex) ခေါ် / ဂေါ် / ဒေါ် / ပေါ် / ဝေါ်

3. □ု တ(စ်)ချောင်းငင် [təchaun:ŋin] (뜨차웅:잉)과 □ူ နှ(စ်)ချောင်းငင် [hnəchaun:ŋin] ((흐)너차웅:잉)은 다음의 세 경우에 초성자음(매개자음 포함)과 같은 크기로 쓴다. 그러나 역시 이 문자도 수기로 작성할 경우 원칙을 따르지 않는 경우도 있다.

가. 세로가 긴 문자(ဈ၊ ည၊ ဋ၊ ဠ၊ ဌ၊ ဍ၊ ဎ) 등과 함께 사용될 때(ဈု၊ ဌု၊ ဎု)

cf〉 ညု → 경우에 따라 ညု로 쓰기도 함.

나. 매개자음 □ျ (ယပင့်[ya.pin.]), □ြ (ရရစ်[ya.yiʔ])과 함께 사용될 때

ex) အချို့၊ လူမျိုး၊ ကြိုးစားမှု

cf〉 မြို့의 경우 မြို့로 쓰기도 함.

다. 매개자음 □ှ (ဟထိုး[ha.htou:])와 함께 사용될 때

ex) နှုတ်ဆက်

cf〉 အလှူရှင်의 경우 အလှူရှင်으로, သံမှူး는 သံမှူး로 병행 표기 가능함.

※ န와 ရ는 매개자음이나 모음부호와 결합할 경우 န → န, ရ → ရ로 문자의 변형이 발생한다. 역시 수기로 작성할 경우 이 원칙을 따르지 않는 경우도 있다.

ex) နု၊ နွ၊ နူ၊ နှ၊ နှူ　　　　　ရု၊ ရွ၊ ရူ၊ ရှ၊ ရှူ

5.4 종성자음 문자

다음 표와 같이 가로 열은 기본 7개의 모음을 기초로 하고, 세로 열은 어땃(□် အသတ်[əthaʔ])

을 붙여 모음화된 문자이다. 가로줄 기본 모음과 세로열 종성자음이 결합하여 고유의 음질 값을 가진다는 의미이다. 표에서와 같이 같은 발음이지만 표기법이 다른 동음이의어가 다수 존재한다. (음영 표시는 자주 사용되는 종성자음 문자임)

세로 열은 자음에 어땃(□် အသတ်[əthaʔ])을 붙여 모음화시켰는데, 예를 들어 세로 열 첫째 문자는 까.지:(ကကြီး[ka.ji:])와 어땃(□် အသတ်[əthaʔ])이 결합하였으므로 까.땃(က်၊ ကသတ်[ka.thaʔ])이며, 음절 값은 가로 열 문자와 결합하면서 변형된다.

세로 열에 있는 문자 중 □ံ(သေးသေးတင်[the:dhe:tin])으로 그 자체로 모음의 음절 값을 가지며, 기본 모음과 결합하여 다른 음절 값을 내기도 한다. ex) အုန်း၊ အုံး은 동일하게 [oun:]의 음절 값을 내지만 전자는 코코넛, 후자는 베개로 다른 뜻이 된다.

	□	□ာ	□ိ	□ု	ေ□	ေ□ာ	□ို
□က်	□က် -ɛʔ	□ာက် -ɛʔ	□ိက် -eiʔ	□ုက် -ouʔ		ေ□ာက် -auʔ	□ိုက် -aiʔ
□ဒ်				□ုဒ် -ouʔ			
□ဂ်	□ဂ် -ɛʔ		□ိဂ် -eiʔ	□ုဂ် -ouʔ		ေ□ာဂ် -auʔ	
□ယ်							□ိုယ် -ou
□င်	□င် -in		□ိင် -ein			ေ□ာင် -aun	□ိုင် -ain
□စ်	□စ် -iʔ	□ာစ် -iʔ	□ိစ် -eiʔ	□ုစ် -ouʔ			
□ဓ်	□ဓ် -iʔ	□ာဓ် -iʔ	□ိဓ် -eiʔ			ေ□ာဓ် -uʔ	□ိုဓ် -aiʔ

□ည်	□ည် -i/-e/ɛ			□ုည် -oun	ေ□ည် -in		
□ဉ်	□ဉ် -in	□ာဉ် -in	□ိဉ် -eiʔ	□ုဉ် -oun	ေ□ဉ် -in		
□ဋ်	□ဋ် -aʔ		□ိဋ် -eiʔ	□ုဋ် -ouʔ	ေ□ဋ် -iʔ		□ိုဋ် -aiʔ
□ဌ်	□ဌ် aʔ	□ာဌ် aʔ	□ိဌ် -eiʔ	□ုဌ် -ouʔ	ေ□ဌ် -iʔ		□ိုဌ် -aiʔ
□ဍ်	□ဍ် aʔ			□ုဍ် -ouʔ			
□ဏ်	□ဏ် -an	□ာဏ် -an	□ိဏ် -ein	□ုဏ် -oun			□ိုဏ် -ain
□တ်	□တ် -aʔ	□ာတ် -aʔ	□ိတ် -eiʔ	□ုတ် -ouʔ	ေ□တ် -iʔ	ေ□ာတ် -uʔ	□ိုတ် -aiʔ
□ထ်				□ုထ် -ouʔ			□ိုထ် -aiʔ
□ဒ်	□ဒ် -aʔ	□ာဒ် -aʔ	□ိဒ် -eiʔ	□ုဒ် -ouʔ			□ိုဒ် -aiʔ
□ဓ်	□ဓ် -aʔ	□ာဓ် -aʔ	□ိဓ် -eiʔ	□ုဓ် -ouʔ			
□န်	□န် -an	□ာန် -an	□ိန် -ein	□ုန် -oun			

□ပ်	□ပ် -aʔ	□ာပ် -aʔ	□ိပ် -eiʔ	□ုပ် -ouʔ			
□မ်	□မ် -an		□ိမ် -ein				
□ဗ်	□ဗ် -aʔ		□ိဗ် -eiʔ	□ုဗ် -ouʔ			
□ံ	□ံ -an			□ုံ -oun			
□ယ်	□ယ် -ɛ	□ာယ် -ɛ	□ိယ် -i	□ုယ် -u	ေ□ယ် -e	ေ□ာယ် - ɔ	□ိုယ် -ou
□ရ်	□ရ် -an	□ာရ် -an	□ိရ် -ein		ေ□ရ် -e		□ိုရ် -ou
□လ်	□လ် -an	□ာလ် -an	□ိလ် -ein	□ုလ် -oun			□ိုလ် -ou
□ဝ်	□ဝ် - ɔ						
□သ်	□သ် -aʔ	□သ် -aʔ	□ိသ် -eiʔ	□ုသ် -ouʔ			
□ဟ်			□ိဟ် -ein				□ိုဟ် -ou
□ဏ်	□ဏ် -an	□ာဏ် -an	□ိဏ် -ein	□ုဏ် -oun			□ိုဏ် -ou

6. 복합자음 : 빨리어 표기법이나 예외의 단어에 사용됨.

아래와 같이 자음문자가 중복으로 겹치는 경우가 있다. 이 경우 두 문자를 분리하여 초성음은 어땃(◌် အသတ်[əthaʔ])형태로 변환되고, 뒤에 위치하는 자음은 분리된 음절의 초성 자음이 된다.

က္က က္ခ ဂ္ဂ

ex) တက္ကသိုလ် → (실제 발음) တက်ကသိုလ်[tɛʔka.thou] 대학교

ဒုက္ခ → (실제 발음) ဒုက်ခ[douʔhka.] 곤경

သမဂ္ဂ → (실제 발음) သမဂ်ဂ[thəmɛʔga.] 연합

စ္စ ဆ္ဆ ဇ္ဇ ဇ္ဈ ဉ္ဇ

ex) ပစ္စည်း → (실제 발음) ပစ်စည်း[pyiʔsi:] 사물, 물건

တိရစ္ဆာန် → (실제 발음) တရိစ်ဆာန်[təreiʔhsan] 동물

မဇ္ဈိမ → (실제 발음) မဇ်ဈိမ[miʔzi.ma.] 인터넷 신문 미지마

ဝိဇ္ဇာ → (실제 발음) ဝိဇ်ဇာ[weiʔza] 문과(文科), 초자연적 힘에 대한 지식

ဋ္ဌ ဏ္ဌ ဏ္ဍ ဏ္ဏ

ex) အဋ္ဌမ → (실제 발음) အတ်ဋ္ဌမ[aʔhtəma.] 8번째

ကဏ္ဌဇ → (실제 발음) ကဏ်ဋ္ဌဇ[ganhtəza.] 성문폐쇄음

ကဏ္ဍ → (실제 발음) ကဏ်ဍ[ganda.] 섹션, 부분

ပုဏ္ဏား → (실제 발음) ပုဏ်ဏား[pounnya:] 브라만

တ္တ ထ္ထ ဒ္ဒ ဒ္ဓ န္တ န္ဒ န္န

ex) သတ္တု → (실제 발음) သတ်တု[thaʔtu.] 광산, 광물

မန္တလေး → (실제 발음) မန်တလေး[mandəle:] 만달레

သိဒ္ဓိ → (실제 발음) သိဒ်ဓိ[theiʔdi.] 마술적 힘

ပိန္နဲ → (실제 발음) ပိန်းနဲ[pein:nɛ:] 잭플룻

ပ္ပ ဗ္ဗ မ္ဗ မ္ဘ မ္မ

ex) သိပ္ပံ → (실제 발음) သိပ်ပံ[theiʔpan] 과학

သဗ္ဗညု → (실제 발음) သဗ်ဗညု [thatʔbyinu] 땃비뉴사원

ကမ္ဘာ → (실제 발음) ကမ်ဘာ[gəba] 세계(※ an 발음은 묵음화됨)

ဓမ္မ → (실제 발음) ဓမ်မ[damma.] 정법(正法)

လ္လ သ္သ

ex) ပလ္လင် → (실제 발음) ပလ်လင်[pəlin] 왕좌

မနုဿ → (실제 발음) မနုသ်သ[mənouʔtha.] 인간(빨리어)

아래의 문자는 자음과 낀:지:(□ င်္ ကင်းစီး[kin:zi:])가 결합한 형태로써, 낀:지: 자체는 [in], 즉 응아땃(□င်)의 기본 음가와 동일하다. 그러나 아래와 같이 복합자음의 형태에만 사용되며, 낀:지:가 앞에 위치하는 자음과 결합하여 모음의 음가를 내고, 낀:지: 아래에 위치한 문자는 다음 음절의 초성 자음 음가를 가진다.

င်္က င်္ခ င်္ဂ င်္လ င်္သ

ex) အင်္ကျီ → (실제 발음) အင်းကျီ[in:gy(j)i] 윗도리

သင်္ချာ → (실제 발음) သင်ချာ[thincha] 숫자, 수학

မင်္ဂလာ → (실제 발음) မင်ဂလာ[mingəla] 역꽝

ခြင်္သေ့ → (실제 발음) ခြင်သေ့[chindhe.] 사자

7. 독립모음 : 아래의 문자는 그 자체로 모음의 음가를 가진다.

	ဣ[i.]		ဧ [ɛ/ ɛ:]
ex)	ဣန္ဒာ[eindəra] 인드라		ဧရိယာ[ɛriya] 영역, 넓이/ ဧည့်သည် [ɛ.dɛ] 손님
	ဥ[u.]	ဦ[u]	ဦး[u:]
ex)	ဘဲဥ[bɛ:u.] 오리알		ဦးဆောင်[u:hsaun] 이끌다
	ဩ့[ɔ.]	ဪ[ɔ]	သြ[ɔ:]
ex)			မြေသြဇာ[myeɔ:za] 비료

8. 문어체 전용문자 : 다음의 문자는 문어체에서만 사용된다. 구어체, 즉 구두로 의사소통을 할 경우 아래의 문자 대신 등가의 구어체 문자를 사용한다.

၏ [i.]	၍[ywe]	၌[hnaiʔ]
(형용사)~의, (단정)~이다.	(순접)~하고 나서	(장소, 시간)~에서
၎င်း [ləgaun:]	ဤ[i.]	
(대명사) 앞의 그것, 앞 문장 전체	(명사) 이것	

9. 문장부호 : 숫자와 마찬가지로 미얀마에서는 쉼표, 마침표 등 통일된 문장 부호를 쓰지 않고, 미얀마 고유의 문장 부호를 사용한다. 아울러 미얀마어는 띄어쓰기 원칙이 없고, 한 문장을 시작할 경우 한 줄의 약 1/3 정도를 내어 쓴다.

쉼표에 해당	၊	ပုဒ်ငယ်[pouʔŋɛ]	또는	ပုဒ်ကလေး[pouʔgəle:]
마침표에 해당	။	ပုဒ်မ[pouʔma.]	또는	ပုဒ်ကြီး[pouʔkyi:]
괄호	( )	ကွင်း[gwin:]		

제 2 부

음절과 발음의 불일치: 음절약화와 유성음화

앞서 언급했듯이 미얀마어를 학습하는데 있어서 어려운 점은 생소한 자음 외우기와 자음과 모음의 결합 예와 이에 따른 동일한 음의 구별이다. 마지막 난제 중 하나는 원래 철자에 따른 발음이 나지 않는 경우가 매우 많다. 통상, 외국인이 미얀마어를 체계적으로 학습하지 않을 경우 지금부터 설명하는 음절약화와 유성음화 현상을 제대로 이해하지 못해 발음을 부드럽게 구사할 수 없다. 또한 미얀마어를 영어로 표기할 경우 이 음절약화와 유성음화가 제대로 표기되지 않아 원래의 뜻, 발음과 멀어지는 경우가 다수라는 점을 유념할 필요가 있다.

1. 음절약화현상

(1) 2음절 이상의 문자일 경우 초성의 모음인 [a]나 기타 모음발음이 초성에 위치하지 않더라도 [ə]로 발음되는 경우,

အလုပ်	[əlouʔ] 어로욱	일, 직업
အမျိုး	[əmyou:] 어묘:	종류
အခန်း	[əhkan:] 어캉:	방
အခု	[əhku.] 어쿠	현재, 지금
ခရီး	[hkəyi:] 커이:	여행
စနစ်	[səniʔ] 스닛?	제도, 체계
ဆရာ	[hsəya] 서야	선생님
ထမင်း	[htəmin:] 터민:	밥
မီးရထား	[mi:yəhta:] 미:여타:	기차
	→ 이 단어는 မီး(불) + ရထား(기차)가 합쳐진 복합명사임.	
cf〉 မိနစ်	[mi.niʔ] 미닛?	분(分)

(2) 초성의 모음 [i], [u], [e], [ɛ] 가 [ə]로 변형되는 경우,

ဖိနပ်	[hpənaʔ] 퍼낫?	신발
နိမိတ်	[nəmeiʔ] 너메잇?	징후, 징조
ကုလားထိုင်	[kəla:htain] 꺼-ㄹ러:타잉	의자
ဘုရား	[hpəya:] 퍼야:	불탑

သေနတ်	[thəna?] 떠낫?	총
ဘယ်သူ	[bədhu] 버두 또는 [bɛdhu] 배두	(의문사)누구

(3) 일부 종성자음([ɛ?] , [i?] , [a?] , [in] , [an])이 2음절 이상의 문자 초성에 위치할 경우 종성자음(폐쇄음)이 [ə] 로 변형되는 경우

ငှက်ပျောသီး	[ŋəpyɔ:dhi:] 응어뾰:디:	바나나
လက်ဖက်ရည်	[ləhpɛ?yi] 러펫?이	차(茶)
အစ်ကို	[əkou] 어꼬	형, 오빠
ပတ္တမြား	[bədəmya:] 버더먀:	루비, 보석
လင်းကွင်း	[ləgwin:] 러귕: 또는 [lingwin:] 링귕:	심벌즈
တံဆိပ်	[dəzei?] 더제잇?	표, 인지
ကျွန်တော်	[kyənɔ] 쩌노	1인칭 '나'(남성)
ကျွန်မ	[kyəma.] 쩌마.(쩜마.)	1인칭 '나'(여성)

2. 유성음화현상

미얀마어의 자음 중 무성음[(k/hk-(က/ ခ), ky(c)/hky(ch)-(ကျ ကြ/ ချ ခြ), s/hs-(စ/ဆ), t/ht-(ဋ ဌ/ တ ထ), p/hp-(ပ/ ဖ), th-(သ)] 이 유성음(g, j, z, d, b, dh)으로 바뀌는 현상을 유성음화현상이라고 부른다.

통상 유성음화현상은 2음절이상의 개(開)음절이나 비음으로 끝나는 성문폐쇄음(폐음절) 다음에 위치하는 자음에서 발생하는 현상인데, 해당 자음이 고유 음기(무성음)를 가지지 않고 유성음으로 바뀐다. 일반적으로 명시+명사, 명사+동사, 명사+형용사가 결합하는 복합명사, 동사와 동사가 합쳐진 복합동사 등에서 유성음화가 일어난다.

그러나 모든 법칙에는 예외가 있듯이 위 조건을 만족한디고 하디라도 경우에 따라 유싱음화가 일어나지 않는 경우가 있으며 이는 관용적 표현에 근거한다. 문법적으로 일부 성문폐쇄음(-?)으로 끝나는 모음, 즉 က်/ စ်/ တ်/ ပ် 다음에 위치하는 자음에서는 유성음화가 발생하지 않고, 원래 무성음이 그대로 발음된다.

유성음화는 아래와 같이 몇 가지 규칙이 있다.

(1) 2음절 이상의 단어일 경우 두 번째 음절의 초성자음이 유성음화됨.

၁။ ကြိုးစား[kyou:sa:] 노력하다. → 이 단어는 [kyou:] +[sa:] , 2음절로 구성되었기 때문에 후치하는 음절의 초성자음이 [s]에서 [z]로 유성음화된다. 따라서 실제 발음은 [kyou:za:](쪼:자:)가 된다.

၂။ ပစောက် [pa.sauʔ] 21번째 자음 → 이 단어는 [pa.] +[sauʔ]이 합쳐진 단어로써 후치하는 음절의 초성자음이 [s]에서 [z]로 유성음화된다. 따라서 실제 발음은 [pa.zauʔ](빠.자욱ʔ)이 된다.

၃။ ခြင်္သေ့ [chinthe.] 사자 → 이 단어는 ခြင်[chin] 과 သေ့[the.] 가 합쳐진 단어로써 후치하는 음절의 초성자음이 [th] 에서 [dh] 로 유성음화된다. 따라서 실제 발음은 [chindhe.](친데.)가 된다.

cf〉 ကိစ္စ[keiʔsa.] 일, 사건 → 이 단어는 ကိစ်[keiʔ]과 စ[sa.]가 합쳐진 단어로써 첫 번째 음절이 성문폐쇄음(-iʔ)으로 끝났기 때문에 후치하는 음절의 초성자음이 [s] → [z]로 유성음화되지 않는다.

(2) 종조사의 경우 무기음이 유기음화됨.

၁။ တယ်။ [tɛ] (~다) → သွားတယ်။ [thwa:dɛ](똬:대) 가다.

၂။ ပါ။ [pa] (~다), (명령) ~해라 → သွားပါ။ [thwa:ba](똬:바) 가라.

၃။ မလာဘူး။[məlabu:](머라부:) 오지 않다.

cf〉 ဟုတ်တယ်။[houʔtɛ](호웃ʔ때) 맞다.

စာဖတ်တယ်။[sahpaʔtɛ](싸팟ʔ때) 책을 읽다.

(3) 동사(형용사)가 반복되어 부사로 될 때 초성음 이후 후치하는 초성자음이 유성음화됨.

၁။ ဖြည်းဖြည်းမောင်းတယ်။ 천천히 운전하다.

문자 그대로의 발음은 [hpyɛ:hpyɛ:maun:tɛ]이지만 '느린'의 의미인 ဖြည်း[hpyɛ:]라는 형용사가 반복되어 부사로 변환했고, 두 번째 반복되는 동사의 초성자음인 무기음 [hp-]가 유성음 [b-]로 변화했다. 마지막 종조사는 (나)의 법칙에 따라 유성음화한 것이다. 발음은 [hpyɛ:byɛ:maun:dɛ](피애:비애:마웅:대).

၂။ စောစောလာတယ်။ 일찍 오다.
문자 그대로의 발음은 [sɔ:sɔ:latɛ]이지만 '이르다'의 의미인 စော[sɔ:]라는 동사가 반복되었으므로, 단어를 부사화시키는 두 번째 동사는 [sɔ:]가 아니라 [zɔ:]로 발음된다. 따라서 발음은 [sɔ:zɔ:ladɛ](쏘:조:라대).

(4) 수를 나타내는 수사와 수량을 표시하는 유별사가 결합할 경우 수사 뒤 유별사 초성자음이 유성음화됨.
၁။ ကြောင်ငါးကောင် 고양이 다섯 마리
문자 그대로의 발음은 [kyaunŋa:kaun]이지만 숫자 5를 의미하는 ငါး[ŋa:]와 동물(고양이)을 나타내는 유별사 ကောင် [kaun]이 결합하면, 후치한 ကောင် [kaun]이 [gaun](가웅)으로 유성음화된다.

cf〉 နှစ်ယောက်။ [hniʔyauʔ] 두 명 → 이 경우 숫자 2를 의미하는 နှစ်[hniʔ]와 사람을 나타내는 유별사 ယောက်[yauʔ]이 결합했지만 숫자 2는 [iʔ]로 끝나는 성문폐쇄음이므로 후치하는 초성자음이 유성음화되지 않음.

(5) (4)의 사례와 같이 두 개 이상의 품사가 합쳐진 복합명사가 될 때, 두 번째 명사의 초성자음이 유성음화됨.
၁။ ကျောင်းသား [kyaun:tha:] 학생 → 이 단어는 학교를 의미하는 ကျောင်း[kyaun:]과 사람을 의미하는 သား [tha:]가 결합한 복합명사로써, 두 번째 명사의 초성자음 [th]가 [dh]로 유성음화된다. 그래서 발음은 [kyaun:dha:](짜웅:다:)가 된다.

၂။ မြေပဲ [myepɛ:] 땅콩 → 이 단어는 땅을 의미하는 မြေ [mye]와 콩을 의미하는 ပဲ [pɛ:]가 결합한 명사로서, 두 번째 명사의 초성자음 [p]가 [b]로 유성음화된다. 그래서 발음은 [myebɛ:](메배:)가 된다.

cf〉 အလုပ်သမား [əlouʔthəma:](어로욱ʔ떠마:) 노동자, 일꾼 → 이 단어는 일, 노동을 의미하는 အလုပ်[əlouʔ]과 (직업적) 사람을 의미하는 သမား [thəma:]가 합쳐진 복합명사로써 앞의 명사가 성문폐쇄음 [ouʔ]로 끝났기 때문에 후치하는 명사의 초성자음이 유성음화되지 않는다. 또한 각각의 명사에 위치한 초성자음도 동시에 [a] → [ə]로 음절약화현상이 발생한다.

(6) 명사와 동사(형용사)가 합쳐져 명사의 뜻이 되는 복합명사의 경우에도 원래 동사(원래 형용사)의 초성자음이 유성음화됨.

၁။ လူကြီး [lukyi:] 어른, 연장자 → 이 단어는 사람을 의미하는 လူ [lu]와 크다를 의미하는 ကြီး [kyi:]가 결합한 복합명사로써, 동사의 초성자음 [ky]가 [gy(j)]로 유성음화된다. 그래서 발음은 [lugy(j)i:](루지:)가 된다.

၂။ ခြေထောက် [che(i)htauʔ] (동물) 다리 → 이 단어는 발을 의미하는 ခြေ[che(i)]와 지원하다, 지지하다를 의미하는 ထောက် [htauʔ]이 결합한 복합명사로써, 동사의 초성자음 [ht]가 [d] 로 유성음화된다. 그래서 발음은 [che(i)dauʔ](치다욱ʔ)이 된다.

cf〉 လက်ကြီး [lɛʔkyi:](랫ʔ찌:) 엄지손가락 → 이 단어는 손을 의미하는 လက် [lɛʔ]과 크다를 의미하는 ကြီး [kyi:]가 결합한 복합명사이지만, 첫 번째 단어 လက်이 성문폐쇄음 [ɛʔ] 로 끝났기 때문에 후치하는 명사 초성자음이 유성음화되지 않는다.

(7) 동사와 동사가 합쳐져 명사 또는 동사의 뜻이 되는 복합명사(동사)의 경우에도 두 번째 동사의 초성자음이 유성음화됨.

၁။ လုံချည် [lounchi] 롱지(미얀마 전통 통치마) → 이 단어는 둘러싸다는 လုံ[loun]과 역시 두르다, 둘러싸다의 의미인 ချည် [chi] 등 두 개의 동사가 결합된 것으로써, 후치하는 동사의 초성자음 [ch]가 [gy] (또는 [j])로 유성음화된다. 따라서 발음은 [loungy(j)i](롱지)가 된다.

၂။ အေးချမ်းတယ်။ [e:chan:tɛ] 평화롭다, 고요하다 → 이 단어는 '고요하다, 평화롭다'의 뜻인 အေး[e:]와 '평온하다, 차다'의 의미인 ချမ်း[chan:]이 결합된 복합동사로써 후치하는 동사의 초성자음이 [ch]가 [gy] (또는 [j])로 유성음화된다. 따라서 발음은 [e:gy(j)an:dɛ]

(에:장:대)가 된다. 종조사도 동시에 유성음화되는 점에 유의하라.

cf〉 ထောက်ခံတယ်။ [htau?hkantɛ] 지원하다, 지지하다 → 이 단어는 발을 의미하는 지지하다는 의미인 ထောက် [htau?]과 수용하다의 의미인 ခံ [hkan]이 결합한 복합명사로써, 전치한 동사가 성문폐쇄음 [au?]로 끝났기 때문에 후치하는 동사 초성자음이 유성음화되지 않는다.

(8) 미얀마어로 과일은 အသီး[əthi:]인데, 특정 과일에는 အ[a.]가 탈락되는 대신 သီး[thi:] 앞에 과일 명이 붙는다. 이 때 후치하는 သီး[thi:]는 [dhi:]로 유성음화된다. 역시 과일 명이 성문폐쇄음 [?]로 끝날 경우 유성음화는 발생하지 않는다.

၁။ ပန်းသီး [pan:thi:] 사과 → ပန်း+အသီး([pan:] +[əthi:])의 조합에서 အ가 탈락되고, 후치한 음절의 초성자음이 유성음화됨. ပန်းသီး [pan:dhi:](빤:디:)

၂။ သင်္ဘောသီး [thinbɔ:thi:] 파파야 → သင်္ဘော[thinbɔ:] +အသီး [əthi:]의 조합에서 အ가 탈락되고, 후치한 음절의 초성자음이 유성음화됨. သင်္ဘောသီး [thinbɔ:dhi:](띤보:디:)

※ သင်္ဘော는 선박을 말하는데, 미얀마의 전통적인 배는 폭이 좁고 길쭉한 형태로 파파야를 짜르면 위와 같은 모양이 된다.

cf〉 နာနတ်သီး [nana?thi:] 파인애플 → နာနတ်[nana?] +အသီး [əthi:]의 조합에서 အ가 탈락되지만, 앞의 단어가 성문폐쇄유 [a?]로 끝났기 때문에 후치한 음절의 초성자음이 유성음화되지 않음.

3. 음절약화와 유성음화가 동시에 발생하는 형태

한 단어 내에서 음절약화와 유성음화가 분리되어 발생한다면 얼마나 좋겠는가! 그러나 애석하게도 미얀마어 대부분의 발음은 음절약화가 유성음화가 동시에 발생하는 경우가 허다하다. 정해진 규칙이 거의 없으니 새로운 단어와 맞닥뜨릴 때마다 정확한 발음을 확인하도록 한다. 다음의 단어는 기초 수준에서 숙지해야 할 단어와 발음이다. 음절약화와 유성음화에 유의하여 읽어보자.

ကစား [gəza:] 놀이, 놀다. →
ကတိ [gədi.] 약속 →
ခုတင် [gədin] 침대 →
စကား [zəga:] 말, 언어 →
စပေါ် [zəbɔ] 보증금 →
စပျစ်သီး [zəbyiʔthi:] 포도 →
စားပွဲ [zəbwɛ:] 책상 →
ဆံပင် [zəbin] 머리카락 →

※ 부처의 머리카락, 즉 불발(佛髮)을 말할 때는 ဆံတော် [hsandɔ]로 초성이 유성음화 되지 않고, 두 번째 음절 초성자음만 유성음화됨. တော်는 궁중용어로써 현재에는 국명, 국기, 군대, 수도, 왕궁, 큰스님 등 경외의 대상에 부침.

တပည့် [dəbɛ.] 제자, (1인칭) 승려 →
တံခါး [dəga:] 문 →
တံတား[dəda:] 교량 →
နှာခေါင်း[hnəgaun:] 코(콧대) →
ပါးစပ် [bəzaʔ] 입술 →
ပုစွန် [bəzun] 새우 →

※ 현대 미얀마어에서는 실제 발음대로 ပုဇွန်[bəzun]으로도 표기하지만 올바른 맞춤법은 아님.

ပတ္တမြား [bədəmya:] 루비 →
ပန်းကန် [bəgan] 그릇 →
သခွားသီး [dhəhkwa:dhi:] 오이 →
သတင်းစာ [dhədin:za] 신문 →

4. 철자에 따른 발음이 일치되지 않는 형태

지금까지 제시한 음절약화와 유성음화와 달리 모든 법칙을 거스르며 철자대로 발음되지 않는 단어가 적지 않다. 역시 암기해야할 필요가 있다. 우선 몇 가지 원칙부터 제시한다.

(가) 부정(否定)의 서술문(မ-(동사)-ဘူး [ma.---bu:]), 부정의문문을 만들 경우(မ-(동사)--ဘူးလား [ma.---bu:la:]), 보조사 မ는 [mə](머)로 발음된다. 한편, 종조사 ဘူး[bu:](부:)는 본동사가 성문폐쇄음 [ʔ]로 끝날 경우 [hpu:](푸:)로 발음된다.

ex) မလာဘူး[məlabu:] (부정형) 오지 않았다.

cf〉 မလုပ်ဘူး။[məlouʔhpu:] (부정형) 하지 않다.

မဟုတ်ဘူး။[məhouʔhpu:] (부정형) 아니다. 그렇지 않다.

(나) 외래어, 산스크리트어, 빨리어 등에서 [r] 발음은 ရ[ya.gauʔ] 또는 ◌ြ[ya.yiʔ]로 표기한다.

ex) အမေရိကန် [əmeri.kan] 미국(영어의 미얀마어식 표기) တြိ [tri.] 3

တိရစ္ဆာန် [təreiʔhsan] 동물(빨리어에서 전사한 단어임)

ပါရဂူ [para.gu] 전문가, 박사학위(빨리어에서 전사한 단어임)

(다) 성문폐쇄음이 포함된 종성자음 중 [aʔ] , [an]이 [w] , [wn] 발음과 결합할 경우 [uʔ] , [un]으로 발음된다.

ex) ဝတ် / ဝပ် [wuʔ] (○) [waʔ] (×) ဝန် / ဝမ် / ဝံ [wun]

ကွတ် / ကွပ် [kuʔ] (○) [kwaʔ] (×) cf〉 ကွက် [kwɛʔ] (○)

လွန် [lun] (○) [lwan] (×) / ◌ွမ် / ◌ွံ [-un]

※ 이 범주에도 몇 개의 예외가 존재한다. 대표적인 것으로는 다음과 같다.

၁။ ကျွမ်းကျင်တယ်။ 능숙하다. → 위 규칙에 따른 발음은 [kyun:kyin]이지만 현지인들은 [kywan:kyin](쫭:찐)으로 발음한다. 그러나 전자의 발음과 표현도 잘못된 것은 아니다.

၂။ စွမ်းအင် 에너지, 역량 → 위 규칙에 따른 발음은 [sun:in]이지만 현지인들은 [swan:in](쐉:잉)으로 발음한다. 그러나 전자의 발음과 표현도 잘못된 것은 아니다.

၃။ ဆွမ်း 공양 → 이 단어는 [hswan:]으로 발음될 수 있지만 일반적으로 [hsun:](숭:)으로 발음한다.

※ 일반적으로 န် ၊ မ်의 음가는 영어로 [an]으로 표현되지만 후자의 경우 이를 구별하기 위해 [am]으로 표기하도 한다. 예를 들어 현 부통령 싸잉 마욱칸의 경우 Sai Mauk Kham으로 영문 표기를 하는데, 실제 미얀마어 표기법은 စိုင်းမောက်ခမ်း[sain:mauʔkan:]이다.

※ 다음의 종성자음은 특수한 발음이다.
ေ□တ် [-iʔ] → ခေတ် [hkiʔ] 시대

(라) 2음절 이상의 단어에서 첫 음절이 성문폐쇄음으로 끝날 경우 두 번째 음절의 영향을 받아 고유의 성문폐쇄음가가 사라지는 경우가 있다.

၁။ ကျွန်တော် (화자 남성) 1인칭 나 → [kyun] + [tɔ]가 결합한 단어이지만 앞 음절의 성문폐쇄음이 뒤 음절의 초성자음에 영향을 받아 [kyun]이 [kyə]으로 변화하고, 뒤 음절도 [tɔ]에서 [nɔ]로 변화함. 따라서 발음은 [kyənɔ](쩌노)가 됨.

၂။ ခင်ဗျား (화자 남성) 2인칭 당신 → [hkin] + [bya:]가 결합한 단어이지만 앞 음절의 성문폐쇄음이 뒤 음절의 초성자음에 영향을 받아 [hkin]이 [hkə]으로 변화함. 따라서 발음은 [hkəmya:](커먀:)가 됨.

※ 문장의 마지막에 ခင်ဗျား(또는 ခင်ဗျာ၊ ဗျာ[bya])를 붙이면 화자의 말을 잘 듣지 못했거나 이해하지 못해 재차 언급해 달라는 겸양, 겸손의 표현이 된다.

၃။ အောက်မေ့ 그리워하다, 꿈꾸다 → [auʔ] + [me.]가 결합한 단어이지만 앞 음절의 성문폐쇄음이 뒤 음절의 초성자음에 영향을 받아 [auʔ]이 [aun]으로 변화함. 따라서 발음은 [aunme.](아웅메.)가 됨.

(마) 어떻의 형태를 띠거나 동일한 성문폐쇄음이 연속해서 반복될 경우 하나를 생략한다.

၁။ ယောက်ျား[yauʔkya:](야웃ʔ짜:) 남성 → 이 단어를 분리하면 ယောက်[yauʔ] 사람 + ကျား[kya:] 남성이 되는데, 첫 음절의 종성자음과 뒷 음절의 초성자음이 က로 같기 때문에 성문폐쇄음을 뒤 음절에 위치시킨다.

၂။ စကြာမင်း[sɛʔkyamin:](셋ʔ짜밍:) 전륜성왕(轉輪聖王) → 이 단어를 분리하면 စက်[sɛʔ] + ကြာ[kya]로 첫 음절의 종성자음과 뒷 음절의 초성자음이 က로 같기 때문에 표기와 달리 첫음절에 성문폐쇄음 발음을 한다.

၃။ သောကြာနေ့[thauʔkyane.](따웃ʔ짜네.) 금요일 → 이 단어를 분리하면 သောက်[thauʔ] + ကြာ[kya]이고, 원칙은 위와 같다.

၄။ လက်ျာ[lɛʔya](렛ʔ야) 오른손잡이 → 이 단어를 분리하면 လက်[lɛʔ] + ယာ[ya]이다. 사전적 의미로 오른손잡이가 아니라 흔히 한국말로 수장의 '오른팔', '왼팔' 등으로 묘사되는 핵심인사를 말한다.

၅။ ကျွန်ုပ်[kyouʔ](쪼욱ʔ) (남성 1인칭)나(구어체 표기법, 주로 문학작품 등 에서 사용됨) → 이 단어를 분리하면 ကျွန်[kyun] + နုပ်[nouʔ] 로 န가 반복되고, 음절 값은 성문폐쇄음화된다.

(바) 두 개의 발음이 나는 경우

၁။ ကိုက် [kaiʔ] 물다, 자르다
[gaiʔ] 마당, 야드(yard)

၂။ ခေါင်း [hkaun:] 관(罐)
[gaun:] 머리 ex) ခေါင်းဆောင် [gaun:hsaun] 이끌다.
ခေါင်းဆောင် [gaun:zaun] 지도자

၃။ ထောင့် [htaun.] 거슬리다, 굴곡이 있다
[daun.] 코너, 앵글

၄။ ရယ်		[yɛ] (조사) 그리고, 또한

[yi] 웃다.

(바) 위 범주에 해당되지 않는 예외 형태로 음절약화와 유성음화가 동시에 일어나며, 경우에 따라 원래 철저의 발음이 무시되는 경우

ကြမ်းပိုး[gy(j)əbou:](저보:) 빈대 → ကြမ်း[kyan] 바닥 + ပိုး[bou:] 벌레

စက္ကူ[sɛʔku](쎗ʔ꾸) 종이 → စက် + ကူ

စက်ဘီး[səbein:](서베인:) 자전거 → စက် 기계 + ဘီး 바퀴달린 탈 것

တိုက်ရိုက်[daiʔyaiʔ](다익ʔ야잇ʔ) 직접(direct의 미얀마식 표현)

ထဘီ[htəmein](터메인) 여성용 롱지

ပရိသတ်[pəreiʔthaʔ](뻐레잇ʔ땃ʔ) 관객, 청중

ပညာ[pyinň(ny)a](삔냐) 학문 → ပဉ် + ဉာ(y음가 추가됨)

ပုဂ္ဂိုလ်[pouʔgou](뽀욱ʔ꼬ʔ) (존경스런) 인물 → ပုဂ် + ဂိုလ်

ပုဂံ[bəgan](버강) (지명) 버강

ပဲခူး[bəgou:](버고) (지명) 버고

ပစ္စည်း[pyiʔsi:](삣ʔ씨:) 물건(y음가 추가됨)

ပစ္စူ[pyiʔzu](삣ʔ주) 왕실에 사용되던 흰 우산

ပစ္စုပ္ပန်[pyiʔsouʔpan](삣ʔ쏘웃ʔ빵) 현재

ပြောင်းပြန်[byaun:byan](비야웅:뱡) 반대방향

သွားပွတ်တံ[dhəbuʔtan](더붓ʔ땅) 칫솔

သုည [thounň(ny)a.](똥냐.) 숫자 제로(0) → သုဉ် + ည

အဓိပ္ပာယ်[ədeiʔpɛ](어데잇ʔ빼) 의미, 뜻

ဦးထုပ်[ouʔhtouʔ](오웃ʔ토욱ʔ) 모자

အန္တရာယ်[andəyɛ](안더얘) 위험

အင်္ဂလိပ်[in:gəleiʔ](잉거-ㄹ레잇ʔ) 영어, 영어의

အေးဆေး [e:hse:]에:세:) 평화롭다 → [e:ze:]가 아님.

တင်ပြ [tinpya.](띤뺘.) 제시하다. 제출하다. → [tinbya.](띤뱌.) 또는 [dinbya.](딘뱌.)가 아님.

꿩먹고 알먹는 미얀마어 첫걸음

제01과 ~ 제20과

သင်ခန်းစာ(၁)

မင်္ဂလာပါ။

※ 괄호 속 표현은 존칭의 의미임.

မင်္ဂလာပါ။
밍그-ㄹ라바

နေကောင်းသလား။
네 까웅: 더-ㄹ 라:

နေကောင်းရဲ့လား။
네 까웅: 얘-ㄹ. 라:

နေကောင်း(ပါ)တယ်။
네 까웅: (바) 대

နေမကောင်း(ပါ)ဘူး။
네 머까웅: (바) 부:

ဘယ်သွားသလဲ။
배 따: 더-ㄹ 래:

ကျောင်းကိုသွား(ပါ)တယ်။
짜웅: 고 따: (바) 대

စားပြီးပြီလား။
싸: 삐: 비-ㄹ랴:

စားပြီး(ပါ)ပြီ။
싸: 삐: (바) 비

မစားသေး(ပါ)ဘူး။
머싸: 데: (바) 부:

안녕하세요.
건강(강령)하십니까?
건강(강령)하십니까?
건강합니다.
건강하지 않습니다.

어디가십니까?(아는 사이, 친분이 있는 사이)
학교 갑니다.
식사하셨습니까?
먹었습니다.
아직 안 먹었습니다.

미얀마어에는 뚜렷한 인사말이 없다. 흔히 사용하는 '밍글라바'는 1960년대부터 학교에서 교사와 학생들 간의 인사말이 사회적으로 확대된 것이다. 대신 두 번째와 세 번째 표현처럼 건강, 안부를 묻거나 세 번째와 네 번째 표현처럼 일상생활을 인사말로 대체한다. 두 번째에서 네 번째 표현은 친분관계가 있을 때 사용한다. 또한 이들 표현이 의문문이지만 인사말로 대체되기 때문에 질문에 대한 대답을 하지 않아도 된다.

만날 때 인사말보다 헤어질 때 인사말은 거의 없는 편이다. 한국어로 번역하여 "안녕히 계십시오."라는 말 대신 화자가 중심이 되어 "가는 것을 허락해 달라.", "가겠습니다."라는 표현을 쓴다. 보통, 헤어질 때 연소자가 연장자에게 허락을 고하는 방식이고, 연장자는 허가의 표현을 한다. 아래를 보자.

※ 괄호 속 표현은 존칭의 의미임.

သွားပါဦး(မယ်)။
따: 바: 옹: (매)

သွားတော့မယ်(နော်)။
따: 도. 매 (노)

ခွင့်ပြုပါ(ဦး)။
퀑. 쀼. 바(옹:)

နောက်မှ ပြန်တွေ့(ပါ့)မယ်။
나웃? (흐)마. 빵 뛔. (바.) 매

ကောင်း(ပါ)ပြီ။
까웅: (바) 비

တွေ့ရတာ ဝမ်းသာ(ပါ)တယ်။
뛔. 야.다 원: 따 (바) 대

မတွေ့ရတာ ကြာပြီ။
머 뛔. 야.다 짜 비

အလုပ်များနေလို့ပါ။
어로웃? 먀: 네ㅡㄹ로.바

ကြိုဆို(ပါ)တယ်။
쪼 소 (바) 대

(화자) 가겠습니다.
(화자) 가겠습니다.
(화자) 가겠습니다.(원뜻: 허가해 주십시오.)
다음에 다시 뵙겠습니다.
안녕히 가세요.(원뜻: 좋습니다.)

만나서 반갑습니다.
오랜만입니다.
바빴습니다.(원뜻: 일이 많았습니다.)
환영합니다.

단어와 숙어 익히기

※ 동사에는 종조사 တယ်။가 붙는다.

မင်္ဂလာ	영광스런
နေ	1. 태양 2. 머무르다 3. 살다 4.(진행) ~중이다
ကောင်းတယ်။	좋다.
ဘယ်	(의문사) 어디, 어떤
သွားတယ်။	1.가다. 2.치아(종조사 생략)
ကျောင်း	학교
စားတယ်။	먹다.
ပြီး	(순접) ~하고 나서, 끝나다.
ပြီ။	(종료) 끝나다.
ခွင့်	허가, 특권
ခွင့်လွှတ်	용서를 구하다. 양해하다. 변명하다.
ပြု	(행위) 행동하다.
နောက်	다음, 후(後)
ပြန်	다시, 재차, 돌아오다
တွေ့တယ်။	만나다.
ဝမ်းသာတယ်။	기쁘다.
ကြာတယ်။	(시간의 경과) 시간이 흐르다.
အလုပ်	일, 직업
များတယ်။	많다.
ကြိုဆိုတယ်။	환영하다.

문법 따라잡기

1. 서술문

가. 등위형: N(명사) + N + (ပါ)။

: 앞의 명사와 뒤의 명사가 같은 것, 즉 주어와 보어의 형태이다. 1, 2번을 참조하여 3번 문장을 분석해 보시오.

၁။ ကျွန်တော် ဆရာပါ။
→ ကျွန်တော်(대명사-나) + ဆရာ(명사-선생님) ပါ။

၂။ ကျွန်တော် မောင်စောပါ။
→ ကျွန်တော်(대명사-나) + မောင်စော(명사-마웅 쏘) ပါ။

၃။ ကမ္ဘာ့ကုလသမဂ္ဂ အထွေထွေအတွင်းရေးမှူးချုပ်ဟောင်း ဦးသန့်ဟာ မြန်မာလူမျိုးပါ။
→

※ 밑줄 친 것처럼 종조사 없이 명사만으로 문장이 끝나도 문법적으로 문제없다.

၄။ ဒီဟာ သရက်သီးမဟုတ်ဘူး။
→ <u>သဘော်သီး။</u>

나. 한정형: N(명사) + N(또는 명사형 접미사) + (ပါ) + ပဲ။ / N(명시) + N(또는 명사형 접미사) + မှာ + ပဲ။

၁။ ကျွန်တော့် အလုပ်က ကားမောင်းတာ(ပါ)ပဲ။ → ကျွန်တော့်(형용사로 변환-나의) + အလုပ်(명사-일, 직업) + က(주격조사-~은, 는) + ကား(명사-자동차) + မောင်း(동사-운전하다) + တာ (명사화 접미사) + (ပါ-존칭사로 생략가능) + ပဲ။

※ ပဲ는 단정형 종조사로 "단지, 오로지"의 뜻이 된다.

၂။ အဲဒါ(ပါ)ပဲ။ → အဲဒါ(대명사-(앞서 언급한) 그것) + (ပါ–존칭사로 생략가능) + ပဲ။

※ 이 표현은 전화통화시 전화를 건 사람이 전화를 끊을 때 쓴다. 전화를 받은 사람이 먼저 ဒါပဲနော်။ (사전적 의미로 "그것뿐이냐?"이지만 "용건을 다 말했어?" 정도로 이해하면 된다)라고 했을 경우 위와 같이 အဲဒါ(ပါ)ပဲ။로 말한다.

၃။ သူ ဆရာဝန်မှာပဲ။ → သူ(대명사–그) + ဆရာဝန်(명사–의사) + မှာပဲ(화자의 강력한 단정)။

다. 과거 및 현재형: N(명사) + (주격 또는 목적격 조사) + V(동사) + တယ်။

၁။ ကျွန်တော် စာဖတ်(ပါ)တယ်။ → ကျွန်တော်(대명사–나) + စာဖတ်(동사–책을 읽다. 공부하다) + (ပါ–존칭사로 생략가능) + တယ်။

၂။ ဒီထမင်းကြော်ကို ကြိုက်(ပါ)တယ်။ → ဒီ(지시사–이것) + ထမင်းကြော်(명사–볶음밥) + ကို(목적격 조사–을, 를) + ကြိုက်(동사–좋아하다) + (ပါ–존칭사로 생략가능) + တယ်။

၃။ ဒီနေ့မနက် ခြောက်နာရီမှာ အိပ်ရာထတယ်။(문장 분석)
→

၄။ ဒီနေ့မနက် ကျွန်တော် ကျောင်းတက်(ပါ)တယ်။ → ဒီနေ့(명사–오늘) + မနက်(명사–아침) + ကျွန်တော်(명사–나) + ကျောင်း(명사–학교) + တက်(동사–오르다) + (ပါ–존칭사로 생략가능) + တယ်။

※ 명확한 과거를 나타내는 명사가 왔으므로 시제의 변화 없이 과거가 된다.

၅။ ကျွန်တော် သူ့ကိုတွေ့ခဲ့(ပါ)တယ်။ → ကျွန်တော်(대명사–나) + သူ(대명사–그) + တွေ့(동사–만나다) + ခဲ့(과거조사) + (ပါ–존칭사로 생략가능) + တယ်။

၆။ သူ ရောက်(ပါ)ပြီ။ → သူ(대명사–그) + ရောက်(동사–도착하다) + (ပါ–존칭사로 생략가능) + ပြီ(완료형 종조사)

라. 미래형 또는 추측형: N(명사) + (주격 또는 목적격 조사) + V(동사) + မယ်(미래형 종조사)။

၁။ ကျွန်တော် စာဖတ်(ပါ)မယ်။ → ကျွန်တော်(대명사–나) + စာဖတ်(동사–책을 읽다. 공부하다) + မယ်။

၂။ ကျွန်မ မနက်ဖြန် ကျောင်းတက်(ပါ)မယ်။ → ကျွန်မ(대명사–나) + မနက်ဖြန်(명사–내일) + ကျောင်း(명사–학교) + တက်(동사–오르다) + (ပါ–존칭사로 생략가능) + မယ်။

၃။ မြန်မြန်လာခဲ့(ပါ)။ → မြန်မြန်(부사–빨리) + လာ(동사–오다) + ခဲ့(가까운 미래의 조사) + (ပါ–명령형 종조사로 생략가능)

၄။ ကျွန်မ ရှင့်ကို အမှန်တကယ် ကူညီပါ့မယ်။ ကျွန်မ(대명사–나) + ရှင့်(대명사–너, 당신) + အမှန်တကယ်(부사–정말로, 진실로) + ကူညီ(동사–돕다) + ပါ့မယ်။(화자의 강력한 의지)

၅။ သူ ရုပ်ရှင်ရုံမှာ ရှိမယ်။ → သူ(대명사–그) + ရုပ်ရှင်ရုံ(명사–영화관) + မှာ(처소격 조사-~에) + ရှိ(동사–있다, 존재하다) + မယ်(화자의 추측)

cf〉သူ ရုပ်ရှင်ရုံမှာ ရှိတယ်။ 그는 극장에 있다.(명확한 사실)

၆။ မိုးရွာလိမ့်မယ်။ မိုးရွာ(동사–비가 오다) + လိမ့်မယ်(추측형 미래 종조사)

※ လိမ့်မယ်는 မယ်와 마찬가지로 추측형 종조사이지만 확률 상으로 မယ်보다 낮을 경우 사용한다.

마. 등위 부정형: မဟုတ်(ပါ)ဘူး။

၁။ ကျွန်မ မင်းသမီးမဟုတ်(ပါ)ဘူး။ → ကျွန်မ(내명사–나) + မင်းသမီး(명사–여배우,

바. 부정형: မ V(본동사) + ဘူး။

၁။ သူ (၃)နာရီအထိ မလာ(ပါ)ဘူး။ → သူ(대명사–그) + (၃)နာရီ(명사-3시) + အထိ(조사- ~까지) + မ + လာ(동사–오다) + ဘူး။

၂။ ကျွန်မ နားမလည်(ပါ)ဘူး။

※ 이 문장은 동사 နားလည်(이해하다)의 구성을 이해할 필요가 있다. 즉 이 단어는 명사(귀)와 동사(돌다)가 합쳐진 복합동사로써 실제 동사는 후치한 လည်이다. 따라서 부정형을 만들 때 부정접두어 မ는 동사인 လည်의 앞에 위치해야 한다.

၃။ ကျွန်တော် သူ့တင်ပြချက်ကို လုံး၀ လက်မခံ(ပါ)ဘူး။

※ 역시 이 문장에서 동사 လက်ခံ도 명사+동사의 결합형태로써 부정형은 동사의 앞에 위치한다.

표현 따라하기

1. 만날 때 인사

မင်္ဂလာပါ။ 밍그－ㄹ라바	안녕하세요.
	မင်္ဂလာပါခင်ဗျား။(남) 밍그－ㄹ라바 커 마:
	မင်္ဂလာပါရှင်။(여) 밍그－ㄹ라바 싱
	အားလုံးမင်္ဂလာပါ။(단체 대상) 아－ㄹ:롱: 밍그－ㄹ라바
နေကောင်းသလား။ 네 까웅: 더－ㄹ 라:	건강하십니까?(아는 사이, 친분이 있는 사이)
နေကောင်းရဲ့လား။ 네 까웅: 얘－ㄹ. 라:	건강하십니까?(아는 사이, 친분이 있는 사이)
နေကောင်း(ပါ)တယ်။ 네 까웅: (바) 대	건강합니다.
နေမကောင်း(ပါ)ဘူး။ 네 머 까웅: (바) 부:	건강하지 않습니다.
ဘယ်သွားသလဲ။ 배 똬: 더－ㄹ래:	어디가십니까?(아는 사이, 친분이 있는 사이)
စားပြီးပြီလား။ 싸: 삐: 비－ㄹ라:	식사하셨습니까?(아는 사이, 친분이 있는 사이)
တွေ့ရတာ ဝမ်းသာ(ပါ)တယ်။ 뛔. 야.다 원: 따 (바) 대	만나서 반갑습니다.
မတွေ့ရတာ ကြာပြီ။ 머 뛔. 야. 다 짜 비	오랜만입니다.
အလုပ်များနေလို့ပါ။ 어로웃? 마: 네－ㄹ로.바	바빴습니다.(원뜻: 일이 많았습니다.)
ကြိုဆို(ပါ)တယ်။ 쪼 소 (바) 대	환영합니다.

2. 헤어질 때 인사

သွားပါဦး(မယ်)။
따: 바 옹: (매)
(화자) 가겠습니다.

သွားတော့မယ်(နော်)။
따: 도. 매 (노)
(화자) 가겠습니다.

ခွင့်ပြုပါ(ဦး)။
퀑. 쀼. 바(옹:)
(화자) 가겠습니다.(원뜻: 허가해 주십시오.)

နောက်မှာ ပြန်တွေ့ပါ့မယ်။
나웃? (흐)마 빵 뛔. (바.) 매
다음에 꼭 다시 뵙겠습니다.

မနက်ဖန် တွေ့(ပါ)မယ်။
머넷?팡 뛔. (바.) 매
내일 뵙겠습니다.

ကောင်း(ပါ)ပြီ။
까웅: (바) 비
(인사를 받는 측)안녕히 가세요.(원뜻: 좋습니다.)

|단어|

* မနက်ဖန် / မနက်ဖြန် / နက်ဖြန် 내일
* သန်ဘက်ခါ[dhəbɛʔhka] 모레
* ဖိန်းနွှဲခါ[bəin:hnɛ:ga] 글피
* မနေ့[məne.] 어제
* တနေ့က[təne.ga.] 그제

3. 감사 및 유감 표시

ကျေးဇူးတင်ပါတယ်။
쩨: 주: 띤 바 대
감사합니다.

ကျေးဇူးအများကြီးတင်ပါတယ်။
쩨: 주: 어 먀: 지: 띤 바 대
대단히 감사합니다.

ကျေးဇူးအများကြီးတင်ပါတယ်။ 대단히 감사합니다.
쩨: 주: 어 먀: 지: 띤 바 대

ကျေးဇူး(ပါ)။ 고마워(친분이 두터운 사이, 친구 사이)
쩨: 주: (바)

ကူညီပေးလို့ကျေးဇူးအများကြီးတင်ပါတယ်။
꾸니 뻬ㅡㄹ:로. 쩨: 주: 어 먀: 지: 띤 바 대
도와주셔서 대단히 감사합니다.

ကိစ္စမရှိ(ပါ)ဘူး။ 천만해요. 괜찮습니다.(원뜻: 일 없습니다.)
께잇?싸.머시.(바)부:

ရ(ပါ)တယ်။ 천만해요. 괜찮습니다.
야.(바) 대

မလို(ပါ)ဘူး။ 천만해요. 괜찮습니다.
머ㅡㄹ로(바)부:

ဆောရီးပါ။ 미안합니다.(영어의 미얀마식 표현)
소:리:바

|단어|

* ကျေးဇူး 감사
* ကျေးဇူးတင်တယ်။ 감사하다.
* အများကြီး (최상급) 수나 양이 최고
* ကူညီတယ်။ 돕다.
* ပေးတယ်။ 주다.
* လိုတယ်။ 수요가 있다. 필요하다.
* ရတယ်။ (겸양, 사양) 괜찮다. 가능하다.
* ဆောရီး 영어의 sorry

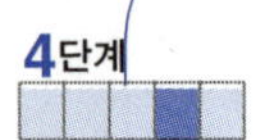

문제 풀기

Ⅰ. 다음 빈칸에 알맞은 단어를 넣어 완성시키시오.

1. ______________________! (안녕하세요)
2. မနက်ဖန် ______________________။ (꼭 내일 다시 뵙겠습니다.)
3. ______________________! (감사합니다.)
4. ______________________! (대단히 감사합니다.)
5. ______________________။ (인사를 받은 측) 안녕히 가세요.
6. ______________________! (천만해요.)
7. ______________________! (만나서 반갑습니다.)
8. ______________________! (오랜만입니다.)
9. ______________________! (바빴습니다.)
10. ______________________! (환영합니다.)

Ⅱ. 서술문의 형태에 유의하여 다음 문장을 한국어로 옮기시오.

1. သူကျွန်တော့်ညီမ မစုစုပါ။

____

2. ရော့၊ ခဲတံ။

____

3. ပုစွန်ထမင်းကြော် စားတယ်။

____

4. မနေ့က ကျွန်တော်တို့ အတူတူရုပ်ရှင်ကြည့်တယ်။

5. ဒီနေ့ည ခင်ဗျားနဲ့ ထမင်းစားပါ့မယ်။

6. သူ စာကြည့်တိုက်မှာ ရှိမယ်။

7. သူ စားသောက်ဆိုင်မှာ ရှိတယ်။

8. မောင်အောင်ကျော် စာတိုက်ကို မသွားဘူး။

9. သူ စာမကြိုးစားဘူး။

10. မနုနု ထမင်းမချက်တတ်ဘူး။

* (능력) 할 수 있다: တတ်

Ⅲ. 서술문의 형태에 유의하여 다음 문장을 미얀마어로 작문하시오.

1. 너의 임무는 이 것 뿐이다.

* 임무: တာဝန်

2. 우리는 한국사람이다.

____

* 한국사람: ကိုရီးယားလူမျိုး

3. 나는 국수를 좋아하지 않는다.

____

* 국수: ခေါက်ဆွဲ

4. 저의 아버지는 서점에서 일하신다.

____

* 서점: စာအုပ်ဆိုင်

5. 나는 내일 그를 꼭 만날 것이다.

____

6. 나는 내일 도서관에 있을 것 같다.

____

7. 어제 우리는 밥을 같이 먹었다.

____

8. 이 사람은 나의 형이 아니다.

____

9. 이 일은 수용될 수 없다.

____

10. 너는 책을 읽지 않았다.

____

သင်ခန်းစာ(၂)
ဘယ်ကလာသလဲ။

※ 괄호 속 표현은 존칭의 의미로 생략가능

ဘယ်ကလာ(သ)လဲ။
배 가.라 (더－ㄹ)래:

အိမ်ကလာ(ပါ)တယ်။
에잉 가.라 (바) 대

ဂျပန်ကလာ(ပါ)တယ်။
자빵 가. 라(바) 대

ဘာလူမျိုးလဲ။
바 루묘: 래:

တစ်ယောက်ထဲလာ(သ)လား။
뗘 야웃? 태:라 (더－ㄹ)라:

မဟုတ်(ပါ)ဘူး။ သူငယ်ချင်းနဲ့လာ(ပါ)တယ်။
머 호웃?(빠) 부: 떵얘진: 내.라 (바) 대

အဲဒါဘာလဲ။
애:다 바－ㄹ래:

အဲဒါမြန်မာနိုင်ငံတော်အလံ(တော်)ပါ။
애:나 먄마 나잉잉도 이 ㄹ랑도 바

ဒီဟာကျွန်တော့် လွယ်အိတ်မဟုတ်ဘူးလား။
디하 쨔노. 르왜에잇? 머.호웃?푸－ㄹ 라:

어디서 오셨습니까?(국적, 장소 동시 사용)
집에서 왔습니다.
일본에서 왔습니다.(일본 출신)
어느 국가 사람입니까? 국적이 뭡니까?
혼자서 왔습니까?
아닙니다. 친구와 왔습니다.
그것은 무엇입니까?
그것은 미얀마 국가입니다.
이것은 내 어깨가방이 아닙니까?

단어와 숙어 익히기

※ 동사에는 종조사 တယ်။가 붙는다.

လာတယ်။	(동작, 상황) 오다.
အိမ်	집
ဂျပန်	일본, 일본의
ဘာ	(의문사) 무엇, 어떤
ယောက်	(사람) 명

cf> ပါး (승려) 명/ ဦး (존칭) 분, (문어체) 명

ထဲ(口) တည်း[htɛ:] (文)	(접미사) ~뿐, 단지, 오직
သူငယ်ချင်း[thəŋɛjin:]	친구
ဒါ	(지시사) 그것, 이것
အဲဒါ	(지시사) 앞서 말한 그것
အလံ	깃발
ဒီ	(지시사) 이것
လွယ်အိတ်	어깨가방

문법 따라잡기

〈표〉 서술문과 의문문 비교

	단순긍정	단순부정	긍정의문	부정의문
과거, 단정, 확실	V-တယ်။	မ-V-ဘူး။	V-(သ)လား။ V-(သ)လဲ။	မ-V-ဘူးလား။ မ-V-ဘူးလဲ။
미래, 추측, 불확실	V-မယ်။	မ-V-ဘူး။	V-မလား။ V-မလဲ။	မ-V-ဘူးလား။ မ-V-ဘူးလဲ။
현재시점의 사실	V-ပြီ။	မ-V-ဘူး။	V-ပြီလား။ V-ပြီလဲ။	မ-V-ဘူးလား။ မ-V-ဘူးလဲ။
연체형(수식형)	V-တဲ့-N V-မယ့်-N			
동사의 명사화	V-တာ ၊ V-မှာ			

1. 의문문

가. 단순의문문: N(명사) 또는 V(동사) + (ပါသ)လား။

: 단순의문문은 문장 끝에 의문형 종조사 လား를 붙여서 완성한다. 서술문에서 종조사 တယ်는 သ로 변환되지만, 일반적인 구어체에서는 대부분 생략된다. 또한 သ는 동사를 명사화시킬 경우 တာ, 화자의 강한 의지를 표출할 경우에는 ရဲ့로 변형된다. 미래, 추측의 형태는 종조사 တယ်가 မယ်로 변환되고, 완료형 종조사 ပြီ는 생략되지 않는다.

၁။ သူ ခင်ဗျား အဖေ(သ)လား။ → သူ(대명사–그) + ခင်ဗျား(형용사–당신의) + အဖေ(명사–아버지) + (သ) + လား(의문종조사)။

၂။ သူ အခန်းကို ဝင်(သ)လား။ → သူ(대명사–그) + အခန်း(명사–방) + ကို(조사-~을, ~를) + ဝင်(동사–들어가다) + (သ) + လား(의문종조사)။

၃။ ကျွန်တော် ပြောတာ သဘောတူ(သ)လား။ ကျွန်တော်(대명사–나) + ပြော(동사–말하다) + တာ(동사의 명사화 조사) + သဘောတူ(동사–동의하다) + (သ) + လား(의문종조사)။

၄။ အတန်းပြီးပြီ(သ)လား။ → အတန်း(명사–강의, 수업) + ပြီး(동사–끝나다) + ပြီ(완료형 조사) + (သ) + လား(의문종조사)။

၅။ ကျွန်တော် ပြောတာ သဘောပေါက်ရဲ့လား။ ကျွန်တော်(대명사–나) + ပြော(동사–말하다) + တာ(동사의 명사화 조사) + သဘောပေါက်(동사–이해하다) + ရဲ့(화자의 강력한 의지) + လား(의문종조사)။

၆။ ဒီဘောင်းဘီယူမလား။ → ဒီ(지시사–이것) + ဘောင်းဘီ(명사–바지) + ယူ(동사–가지다) + မ(미래형 종조사) + လား(의문종조사)။

၇။ လာမယ့်တနင်္ဂနွေနေ့မှာတွေ့မလား။ → လာ(동사–오다) + မယ့်(미래 연체형 조사) + တနင်္ဂနွေနေ့(명사–일요일) + မှာ(시간, 장소-~에, ~에서) + တွေ့(동사–만나다) + မလား(미래형 의문)။

나. 의문사가 포함된 의문문: 의문사 + N(명사) 또는 V(동사) + (ပါသ)လဲ။

: 의문사(무엇, 어떤, 누구, 어디, 어떻게, 얼마 등)가 포함된 의문문의 구조는 단순의문문과 같지만 의문종조사가 လဲ로 바뀐다. 역시 သ도 대부분의 경우에서 생략된다.

၁။ ရှင် ဘာလူမျိုးလဲ။ → ရှင်(대명사–당신) + ဘာ(의문사–무엇) + လူမျိုး(명사–종족, 민족) + + လဲ(의문종조사)။

၂။ ဒီဘတ်စကား ဘယ်နှစ်နာရီမှာ ထွက်မလဲ။ → ဒီ(지시사–이것) + ဘတ်စ်ကား(명사–버스) + [ဘယ်(의문사–장소, 무엇) + နှစ်နာရီ(명사–시간)] ⇒ ဘယ်နှစ်နာရီ(몇 시) + မှာ(시간, 장소-~에, ~에서) + ထွက်(동사–출발하다) + မ(미래형 종조사) + လဲ(의문종조사)။

၃။ ဟိုရုံးခန်းမှာရှိတဲ့လူ ဘယ်သူလဲ။ → ဟို(지시사–저기, 저것) + ရုံးခန်း(명사–사무실) + မှာ(시간, 장소-~에, ~에서) + ရှိ(동사- 위치하다. 있다) + တဲ့(동사의 연체형) + လူ(명사–사람) + ဘယ်သူ(의문사–누구) + လဲ(의문종조사)။

၄။ ဒီပြည်ကြီးငါး ဘယ်လောက်လဲ။ → ဒီ(지시사–이것) + ပြည်ကြီးငါး(명사–오징어) + [ဘယ်(의문사–장소, 무엇) + လောက်(명사–정도, 수량)] ⇒ ဘယ်လောက်(가격, 얼마) + လဲ(의문형 종조사)။

၅။ ရှင့်ဖုန်းနံပါတ် ဘယ်လောက်လဲ။ → ရှင့်(형용사–당신의) + ဖုန်းနံပါတ်(명사–전화번호) + [ဘယ်(의문사–장소, 무엇) + လောက်(명사–정도, 수량)] ⇒ ဘယ်လောက်(가격, 얼마) + လဲ(의문종조사)။

cf〉 ရှင့်ဖုန်းနံပါတ် ဘာလဲ။ (×)

၆။ ခင်ဗျားအစ်ကို အသက်ဘယ်လောက်ရှိပြီလဲ။ → ခင်ဗျားအစ်ကို(명사–당신의 형) + အသက်(명사–연령) + ဘယ်လောက်(얼마) + ရှိ(동사- 위치하다. 있다) + ပြီ(완료형 종조사)+ လဲ(의문종조사)။

cf〉 ခင်ဗျားအသက်ဘယ်လောက်လဲ။ (○)

၇။ ခင်ဗျားနာမည် ဘယ်လိုခေါ်သလဲ။ → ခင်ဗျား(형용사–당신의) + နာမည်(명사–이름, 성명) + ဘယ်လို(의문사–어떻게) + ခေါ်(동사–호칭하다. 부르다) + သလဲ(의문종조사)။

cf〉 ခင်ဗျားနာမည်ဘာလဲ။ (○)

၈။ ထိုင်းကို ဘယ်တော့သွားမလဲ။ → ထိုင်း(명사–태국) + ကို(목적격 조사-~을, ~를) + ဘယ်တော့(의문사–(미래) 언제) + သွား(동사–가다) + မလဲ(미래형 의문종조사)။

၉။ ထိုင်းက ဘယ်တုန်းက ပြန်လာ(သ)လဲ။ → ထိုင်း(명사–태국) + က(조사-~에서(로)부터) + ဘယ်တုန်းက(의문사–(과거) 언제) + ပြန်လာ(동사–돌아오다) + (သ)လဲ(의문종조사)။

다. 부정의문문: N(명사) + မဟုတ်ဘူးလား။ 또는 မ + V(동사) + ဘူးလား။

: 부정의문문은 긍정형(서술형) 문장을 부정형으로 바꾸는 법칙에서, 명사일 경우 문장 진위여부의 판단 의미에서 ဟုတ်를 추가하고, 의문종조사 လား로 문장을 마친다. 동사에 대한 부정일 경우 문장의 부정형 형태에 역시 의문종조사 လား를 쓴다.

၁။ သူ ခင်ဗျား ဆရာ မဟုတ်ဘူးလား။ → သူ(대명사–그) + ခင်ဗျား(형용사–당신의) + ဆရာ(명사–선생님) + မဟုတ်ဘူး(부정문) + လား(의문종조사)။

၂။ ရှင် မုန့်ဖိုးမရှိဘူးလား။ → ရှင်(대명사–당신, 너) + မုန့်ဖိုး(명사–용돈) + မရှိဘူး(동사의 부정) + လား(의문종조사)။

3단계

표현 따라하기

1. 의문사 ဘာ의 표현

စားပွဲပေါ်မှာဘာထားသလဲ။ 책상 위에 무엇을 두었습니까?
저봬: 보(흐)마 바 타: 더–ㄹ래:

ဘာမှမထားပါဘူး။ 아무 것도 두지 않았습니다.
바(흐)마.머타:바부:

ဘာကူညီပေးရမလဲ။ 무엇을 도와드릴까요?
바 꾸니 뻬:야.머–ㄹ래:

လက်မှတ်ဝယ်တာကူညီပေးပါဦး။ 표사는 것을 도와주십시오.
렛?(흐)맛? 왜다 꾸니 뻬:바옹:

ဘာလုပ်နေသလဲ။ 무엇을 하고 있습니까?
바 로웃?네더–ㄹ래:

စာကြိုးကြိုးစားစားသင်နေပါတယ်။ 열심히 공부하고 있습니다.
싸 쪼: 조: 싸: 자: 띤 네 바 대

ဘာဖြစ်လို့နောက်ကျ(သ)လဲ။ 왜 지각했습니까?
바 퓃?로. 나웃?짜.(더–ㄹ)래:

2. 의문사 ဘယ်의 표현

ဘယ်ကလာသလဲ။
배 가. 라 더ㅡㄹ래:
어디서 오셨습니까?
(국적, 장소 동시 사용)

ကျွန်မဆိုးလ်မြို့ကလာပါတယ်။
쩌마 소:ㅡㄹ묘.가. 라 바 대
저는 서울에서 왔습니다.

ဘယ်ဟာကောင်းသလဲ။
배하 까웅: 더ㅡㄹ래:
어떤 것이 좋습니까?

ဒီဟာကောင်းပါတယ်။
디 하 까웅: 바 대
이것이 좋습니다.

ကျောင်းပိတ်ရက်မှာ ဘယ်နိုင်ငံကို ခရီးသွားမလဲ။
짜웅: 뻬잇?옛?(흐)마 배 나잉앙고 크이: 똬:머ㅡㄹ래:
방학 때 어느 나라를 여행할 겁니까?

ဆရာဟာ ဘယ်မှာ နေလဲ။
서야 하 배 (흐)마 네ㅡㄹ래:
선생님은 어디에 살고 있습니까?

ဟိုဘက်လူဟာ ဘယ်သူလဲ။
호 뱃? 루 하 배 두ㅡㄹ래:
저기 있는 사람은 누구입니까?

ကွန်ပျူတာဘယ်လောက်ပေးရမလဲ။
꿈 쀼 따 배(ㅡㄹ)라웃? 뻬:야.머ㅡㄹ래:
컴퓨터 가격은 얼마입니까?

မြန်မာကို ဘယ်နှစ်ကြိမ်ရောက်ဖူးလဲ။
만마고 배(흐)너 쩨잉 야웃? 푸:ㅡㄹ래:
미얀마에 몇 번 와 봤습니까?

ကျွန်တော်တို့ ဘယ်နှစ်ခေါက်တွေ့ပြီးပြီလဲ။
쩌노도. 배 (흐)너 카웃? 뛔. 삐:비ㅡㄹ래:
우리는 몇 번 만났습니까?

ဒါကိုမြန်မာလို ဘယ်လိုခေါ်သလဲ။
다고 만마로 배ㅡㄹ로.코더ㅡㄹ래:
이것을 미얀마어로 뭐라고 합니까?

ဆေးလိပ်သောက်တာ ဘယ်တော့ဖြတ်မလဲ။
세:레잇? 따웃?따 배도. 퍗?머ㅡㄹ래:
언제 금연하실 겁니까?

ဘယ်တုန်းကကိုရီးယားကိုပြန်လာသလဲ။
배동:가. 꼬리:야:고 뺭 라 더ㅡㄹ래:
언제 한국으로 돌아왔습니까?

|단어|

* လက်မှတ် 표
* ဝယ်တယ်။ 구매하다. 사다.

* စာသင်တယ်။ 공부하다. 가르치다.
* ကျောင်းပိတ်ရက် 방학
* နိုင်ငံ (文)국가 cf〉 ပြည်(ㅁ) 국가, 주(state)
* ခရီးသွားတယ်။ 여행가다. 출장가다.
* နေထိုင်တယ်။ 거주하다. 살다.
* ကြိမ် 1. 줄기 2. 횟수의 반복(~회)
* ရောက်တယ်။ 도착하다.
* ဖူး(ဘူး)တယ်။ 경험하다.
* ခေါက် 횟수의 축적(~회)
* သိပ် 매우, 아주
* ခက်တယ်။ 어렵다.
* ဆေးလိပ် 담배
* သောက်တယ်။ 마시다.
* ဖြတ်တယ်။ 끊다. 그만하다. 중지하다.

3. 접속사

ဒါကြောင့် = ဒါကြောင့်မို့လို့ 그렇기 때문에
ဒါပေမဲ့ = ဒါပေမယ့် 그러나
ဒါဆိုရင် 그렇다면
ဒါမှမဟုတ် (문두에 위치) 그렇지 않다면, 또는
သို့မဟုတ် (문중에 위치) 그렇지 않다면, 또는
ဒီတော့ = အဲဒီတော့ 그래서
အဲဒီနောက် 그런 후

နောက်ပြီး = နောက်ပြီးတော့ = ပြီးတော့	그리고
ဆက်လက်ပြီး	계속해서
တကယ်လို့	만약
ဘာပဲ(ဘဲ)ဖြစ်ဖြစ်	어쨌든, 무엇이든
ဘာကြောင့်လဲဆိုတော့ = ဘာပြုလို့လဲဆိုတော့ = ဘာဖြစ်လို့လဲဆိုတော့	왜냐하면
ဥပမာ	예를 들어

4단계

문제 풀기

I . **다음 빈칸에 알맞은 단어를 넣어 완성시키시오.**

1. ရန်ကုန်အထိ ______________ကြာမလဲ။
   (양공까지 얼마 걸립니까?-시간)
2. ခင်ဗျားလိပ်စာ______________။
   (당신의 주소는 무엇입니까?)
3. ဟိုလူက မစ္စတာကင်(မ်)______________။
   (그 사람이 미스터 김 아닙니까?)
4. ______________အိမ်ပြန်______________။
   (언제 집에 갈 겁니까?)
5. အိမ်စာ အားလုံး______________။
   (숙제는 다 했습니까?)
6. ကျွန်မပြော______________________________။
   (제가 한 말을 정말 이해하십니까?)

7. လာ ____________ တနင်္ဂနွေနေ့က ခင်ဗျားမွေးနေ့ ____________ ။
   (오는 일요일이 당신의 생일입니까?)

8. ____________ မြန်မာကို ရောက် ____________ ။
   (언제 미얀마를 방문해 보았습니까?)

9. ခင်ဗျားအမဟာ ____________ ။
   (당신 누이는 어디에 있습니까?)

10. ဟိုဘက်ကို ____________ သွားရ ____________ ။
    (거기는 어떻게 갑니까?)

Ⅱ. 의문사에 유의하여 다음 문장을 한국어로 옮기시오.

1. မြန်မာကို ဘာနဲ့လာသလဲ။

   ____

2. လက်မှတ်ကိုဘယ်မှာဝယ်သလဲ။

   ____

3. ပုစွန်ထမင်းကြော် အရသာရှိသလား။

   ____

4. မနေ့က သူနဲ့လျှောက်လည်ခဲ့လား။

   ____

5. ဦးသိန်းစိန်က မြန်မာနိုင်ငံတော် သမ္မတမဟုတ်ဘူးလား။

   ____

6. ကျွန်မ ရှင့်ချစ်တယ်ဆိုတာ ဘယ်လိုသိလဲ။

   ____

7. စားသောက်ဆိုင်ဘယ်မှာရှိသလဲ။

8. စာအိတ်ထဲမှာ ဘာရှိသလဲ။

9. သူ ဘာမှမလုပ်ဘူးလား။

10. ဆူးလေဘုရားနားက ပန်းခြံဟာ လွတ်လပ်ရေးပန်းခြံလား။

Ⅲ. 의문사의 형태에 유의하여 다음 문장을 미얀마어로 작문하시오.

1. 지금 몇 시입니까?

2. 오늘은 무슨 요일입니까?

3. 당신은 국수를 좋아합니까?

4. 당신은 커피를 마시지 않았습니까?

   * 커피: ကော်ဖီ

5. 내일 그를 만날 것입니까?

6. 백화점은 어디로 가야합니까?

____

* 백화점: ကုန်တိုက်

7. 비빔밥은 어떻게 먹어야 합니까?

____

* 비빔밥: ထမင်းသုပ်

8. 아주 아름다운 저 꽃의 이름은 무엇입니까?

____

9. 제가 말한 것을 이해하지 못하겠습니까?

____

10. 너는 언제부터 금연을 했지?

____

သင်ခန်းစာ(၃)
ဒီလူဘယ်သူလဲ။

 ※ 괄호 속 표현은 존칭의 의미로 생략가능

ဒီလူဘယ်သူလဲ။
디 루 배 두-ㄹ래:

ဒီလူ ကျွန်တော့်မိတ်ဆွေ ကိုမြတ်ဟိန်းဦးပါ။
디루 쩌노. 메잇?스웨 꼬 먓?헤잉:우:바

ကိုမြတ်ဟိန်းဦး၊ ဆရာ့ကိုမိတ်ဆက်ပါရစေ။
꼬 먓?헤잉:우: 서야고. 메잇?셋? 버야.제

ကျွန်တော့်နာမည်မြတ်ဟိန်းဦးပါ။ မန္တလေးကလာတယ်။
쩌노. 나매 먓?헤잉:우: 바 만달레:가. 라 대

အခုကျွန်တော်ဘဏ်မှာလုပ်နေပါတယ်။
어쿠. 쩌노 반(흐)마 로웃?네바대

အနှောင့်အယှက်ပေးမိတာအားနာတယ် ဆရာ။
어(흐)나웅.셋? 뻬:미.다 아:나 대 서야

အားမနာပါနဲ့။ ကိစ္စမရှိပါဘူး။
아: 머나 바내. 께잇?싸.머시.바부:

လက်ဖက်ရည် အတူတူသောက်ကြစို့။
러펫?이 어누두 따웃? 지.조.

လက်ဖက်ရည် အရမ်းပူလိုက်တာ။
러펫이 어양: 뿌 라잇?따

이 분은 누구십니까?
이 분은 저의 동료 먓헤잉우입니다.
먓헤잉우씨, 선생님께 소개하세요.
저 이름은 먓헤잉우입니다. 만달레 출신입니다.

지금 저는 은행에서 일합니다.
방해해서 송구스럽습니다. 선생님.
송구스러워하지 마세요. 괜찮습니다.
함께 차 한 잔 하시지요.
차가 무척 뜨겁군요!

1단계

단어와 숙어 익히기

※ 동사에는 종조사 တယ်။가 붙는다.

မိတ်ဆွေ　동료, 친구

မိတ်ဆက်တယ်။　소개하다.

နှောင့်ယှက်တယ်။　방해하다.

လို့　~때문에, ~라고, 질문에서 즉각적인 반응을 유도할 때

အားနာတယ်။　(겸양, 겸손) 송구스럽다. 죄송스럽다

လက်ဖက်ရည်　차(茶)

အတူတူ　함께

အရမ်း　매우, 아주

ပူတယ်။　뜨겁다.⇔ အေးတယ်။ 차다.

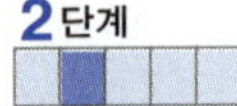

문법 따라잡기

1. 명령문

가. 긍정명령문: V+(ပါ)။

: 긍정명령문은 본동사 뒤에 ပါ를 쓴다. 연장자가 연소자에게 또는 매우 친분이 깊은 관계일 경우 ပါ를 생략하기도 한다.

၁။ သွားသွား။ → သွား(동사–가다) + သွား(동사–가다)။

၂။ ပြောချင်တာပြော။ → ပြော(동사–말하다) + ချင်(조동사-~하고 싶다) + တာ(동사의 명사화-~것) + ပြော(동사–말하다)။

၃။ ဖြည်းဖြည်းစားပါ။ → ဖြည်းဖြည်း(부사–천천히) + စား(동사–먹다) + ပါ(명령형 종조사)

나. 부정 명령문: မ + V +(ပါ)နဲ့။

: 부정명령문은 부정형의 형태 မ + V + ဘူး에서 종조사 ဘူး가 ပါနဲ့로 형태가 변화한다. 역시 이 경우에도 ပါ는 생략하기도 한다.

၁။ ဓာတ်ပုံမရိုက်ပါနဲ့။ → ဓာတ်ပုံ(명사–사진) + မ(부정형) + ရိုက်(동사-(상하)때리다) + ပါနဲ့(명령형 종조사)။

* ဓာတ်ပုံရိုက်တယ် : 사진 찍다.

၂။ ရေမသောက်နဲ့။ → ရေ(명사–물) + မ(부정형) + သောက်(동사–마시다) + နဲ့(명령형 종조사)။

၃။ စိတ်မဆိုးနဲ့။ →

2. 청원문, 권유문, 감탄문

가. 청원문: V+ပါစေ။ 또는 V+ပါရစေ။

: 기본적으로 청원문은 위와 같은 형태를 띠지만 경우에 따라 ရ가 생략되기도 한다. ရ가 포함될 경우 화자(인칭명사, 대명사)의 의지가 작동한다. 부정청원문의 형태는 청원문의 기본형태에 금지명령형이 합쳐진다.

၁။ ကျန်းမာပါစေ၊ ချမ်းသာပါစေ၊ အသက်ရှည်ပါစေ၊ ဘုန်းကြီးပါစေ။

건강하십시오. 부자 되십시오. 장수하세요. 공덕을 많이 쌓으십시오.

၂။ ဆရာ၊ တခုလောက် မေးပါရစေ။

선생님, 한 가지 정도 여쭤보겠습니다.

၃။ တောင်ကိုရီးယားနဲ့မြောက်ကိုရီးယား စစ်မဖြစ်ပါစေနဲ့။

남한과 북한이 전쟁하지 않도록 해 주세요.

나. 권유문: V+(ကြ)စို့။ 또는 V+(ကြ)ရအောင်။

: 전자는 친분관계이거나 연장자가 연소자에게 하는 표현이고, 후자는 화자가 연소자이거나 예의를 갖추어야할 경우에 쓴다. 권유는 두 명 이상이 동시에 행동 또는 사고하는 것이므로 복수형 조사인 ကြ를 추가하기도 한다.

၁။ ဟိုမှာ သွားကြည့်ကြစို့။

저기에 가보자.

၂။ မနက်ဖြန် ဥယျာဉ်သွားစို့။

내일 공원에 가자.

၃။ အင်းယားကန်မှာ ရေကူးရအောင်။

인야호수에서 수영하시지요.

다. 감탄문: V+ပါလား။ V+ပါကလား။ V+လှချည်လား။ V+လိုက်တာ။

: 감탄문은 위와 같이 다양한 형태로 표현된다. 앞의 세 표현은 လား로 끝나기 때문에 의문문과 혼동하지 말 것. 마지막 네 번째는 동작의 상황, 상태 등의 감탄으로 최상급에 가까운 형태로 이해할 수 있다.

၁။ ခြင်္သေ့သိပ်မြန်ပါကလား။

사자는 매우 빠르구나!

၂။ စာအုပ်တွေ များလှချည်လား။

책들이 정말 많구나!

၃။ ဒါက ကျွန်တော် တောင်းတဲ့ပစ္စည်းမဟုတ်ပါလား။

이것이 제가 요청한 물건들 아닙니까!

၄။ ကြမ်းပေါ်မှာ ထိုင်တာကြာလိုက်တာ။

바닥에 앉아 있은 것이 정말 오래됐구나!

※ 감탄사

၁။ အော်၊ ဟုတ်လား။	오. 그렇습니까?
၂။ ကဲ၊ သွားကြရအောင်။	흠… 에… 가시지요.
၃။ အေးအေး၊ ငါလိုက်မယ်။	응. 내가 따라 갈게.(동년배 또는 친분사이)
၄။ အင်းအင်း၊ သိတယ်လေ။	으응. 알고 있지.(동년배 또는 친분사이)
၅။ အမယ်လေး။	엄마야!
၆။ အောင်မလေး။	엄마야!

3단계

표현 따라하기

1. 명령문 표현

အားလုံးအိမ်စာမမေ့ပါနဲ့။ 아ㅡㄹ:롱: 에잉자 머메.바내.	모두 숙제를 잊지 마세요!
ဈေးသွားလိုက်။ 제: 따:라잇?	시장에 가라!
အိမ်ပြန်တာ နောက်မကျနဲ့။ 에잉 빵다 나웃? 머짜.내.	집에 늦게 가지마라!
အဲဒီလိုအေးအေးဆေးဆေးမထိုင်ပါနဲ့။ 애:디ㅡㄹ로 에:에:세:세: 머타잉바내.	그렇게 조용히 앉아 있지 마십시오.
ဝမ်းမနည်းပါနဲ့။ 원: 머내: 바 내.	슬퍼하지 마세요!

2. 청원문 표현

၁။ ကျန်းမာပါစေ၊ ချမ်းသာပါစေ။ 짬:마 바제 찬:따 바제	건강하세요. 부자되세요.

၂။ ဆရာ၊ တခုလောက် မေးပါရစေ။ 선생님, 한 가지 정도 여쭤보겠습니다.
서야 더쿠. 라웃? 메: 버야.제

၃။ တောင်ကိုရီးယားနဲ့မြောက်ကိုရီးယား စစ်မဖြစ်ပါစေနဲ့။
따웅 꼬리:야: 내. 마웃? 꼬리:야: 씻? 머따잇? 버제내.
남한과 북한이 전쟁하지 않도록 해 주세요.

3. 감탄문 표현

၁။ မြင်းလှည်းအရမ်းမြန်ပါကလား။ 마차는 매우 빠르구나!
뮌: 흘래: 어양: 먄 바거-ㄹ라:

၂။ စာအုပ်တွေ များလှချည်လား။ 책들이 정말 많구나!
싸오웃?뒈 먀:(흘)라.치-ㄹ라:

၃။ ဒါက ကျွန်တော် လိုအပ်တဲ့စာရေးကိရိယာမဟုတ်ပါလား။
다가. 쪄노 로앗? 때. 싸예:꺼리.야 머호웃?바-ㄹ라:
이것이 제가 필요한 학용품 아닙니까!

၄။ မြန်မာမှာ နေတာကြာလိုက်တာ။ 미얀마에 거주한 지 오래됐구나!
먄마(흐)마 네다 짜라잇?따

|단어|

* ဈေး 시장
* နောက်ကျတယ်။ (시간)늦다. ⇔ စောတယ်။ (시간)이르다.
* ဝမ်းနည်းတယ်။ 유감스럽다, 슬퍼하다, 미안하다.
⇔ ဝမ်းသာတယ်။ 기쁘다.
* ကျန်းမာတယ်။ 건강하다. ⇔ နာတယ်။ 아프다.
* ချမ်းသာတယ်။ 부유하다. ⇔ ဆင်းရဲတယ်။ 가난하다.
* မေးတယ်။ 질문하다, 물어보다. ⇔ ဖြေတယ်။ 풀다.
* စာမေးပွဲ 시험
* အောင်မြင်တယ်။ 성공하다.
* ဖို့ (목적) ~위해

* စစ်တိုက်တယ်။ 싸우다, 전쟁하다.

* မြင်း 말(馬)

* လှည်း 수레

* မြန်တယ်။ (속도, 시간) 빠르다.

* လိုအပ်တယ်။ 필요하다.

* စာရေးကိရိယာ 학용품

4. 직업 말하기

၁။ ကျွန်တော် ကျောင်းဆရာပါ။ 나는 교사입니다.
쩌노 짜웅:서야바

၂။ သူဟာ တက္ကသိုလ်က အင်္ဂလိပ်စာဌာနမှူးပါမောက္ခပါ။
뚜하 뗏?까.또 잉그—ㄹ레잇?싸타나.(흐)마.빠마웃?카.바
그는 대학교 영어과 교수입니다.

၃။ ခင်ဗျားဟာ ဘယ်ကုမ္ပဏီမှာ အလုပ်လုပ်သလဲ။
커먀:하 배꼼빠.니(흐)마 어로웃?로웃?더—ㄹ래:
당신은 어느 회사에서 근무합니까?

၄။ သူဟာ ကျောင်းသားပါ။ 그는 학생입니다.
뚜하 짜웅:다:바

၅။ သူဟာ ကားမောင်းသမား(ဆရာ)ပါ။ 그는 운전수입니다.
뚜하 까:마웅:더마:(서야)바

|단어|

ဘဏ်ဝန်ထမ်း 은행원

ကုမ္ပဏီဝန်ထမ်း 회사원

အစိုးရဝန်ထမ်း၊ အရာရှိ 공무원

ဆရာဝန် 의사

သွားဆရာဝန် 치과의사

ဆရာ(男)ဆရာမ(女)	교사
သူဌေး	경영자, 부자
ဆောက်လုပ်ရေးမှူး	건축가
အိမ်ထောင်ရှင်မ	주부
စစ်သား	군인(일반 병)
စစ်ဗိုလ်	군인(장교)
ဘုန်းကြီး	승려
သတင်းစာဆရာ(男)	언론인
စာရေးဆရာ(男)	작가
ပွဲစား	중개업자

5. 국가, 사람

※ 국가는 국가, 나라를 뜻하는 နိုင်ငံ을 생략하기도 한다. 이 단어는 주로 문어체에 사용되고, 구어체에서는 ပြည်를 쓴다. 국민은 사람을 뜻하는 단어 လူမျိုး를 추가하면 되고, 남녀의 구별은 없다.

|단어|

그리스	ဂရိ(နိုင်ငံ) –ဂရိလူမျိုး
남아프리카공화국	တောင်အာဖရိကပြည်ထောင်စု –တောင်အာဖရိကပြည်ထောင်စုလူမျိုး
노르웨이	နော်ဝေး
뉴질랜드	နယူးဇီလန်
네덜란드	နယ်သာလန်
덴마크	ဒိန်းမတ်

독일	ဂျာမနီ
러시아	ရုရှား
멕시코	မက္ကဆီကို
미국	အမေရိကန်
방글라데시	ဘင်္ဂလားဒေ့ရှ်
북한	မြောက်ကိုရီးယား
브라질	ဘရာဇီး
사우디아라비아	ဆော်ဒီအာရေဗျ
스웨덴	ဆွီဒင်
스위스	ဆွစ်ဇာလန်
스페인	စပိန်
영국	အင်္ဂလန်, ဗြိတိန်(영국) အင်္ဂလိပ်, ဗြိတိသျှလူမျိုး (영국인)
이라크	အီရတ်
이란	အီရန်
이집트	အီဂျစ်
이탈리아	အီတလီ
인도	အိန္ဒိယ (속어) ကုလား
일본	ဂျပန်
중국	တရုတ်
캐나다	ကနေဒါ
쿠웨이트	ကူဝိတ်
터키	တူရကီ
파키스탄	ပါကစ္စတန်
포르투갈	ပေါ်တူဂီ

프랑스	ပြင်သစ်
한국	(တောင်)ကိုရီးယား
호주	ဩစတြေးလျ
아세안 10개국	အာဆီယံ(၁၀)နိုင်ငံများ
베트남	ဗီယက်နမ်
캄보디아	ကမ္ဘောဒီးယား
라오스	လာအို
태국	ထိုင်း (속어) ယိုးဒယား
미얀마	မြန်မာ
말레이시아	မလေးရှား
싱가포르	စင်္ကာပူ
인도네시아	အင်ဒိုနီးရှား
브루나이	ဘရူနိုင်း
필리핀	ဖိလစ်ပိုင်

4단계

문제 풀기

I. 다음 빈칸에 알맞은 단어를 넣어 완성시키시오.

1. မနက်စာဆိုရင် ပေါင်မုန့်နဲ့စား________________။
   (권유 : 아침은 빵으로 드시지요.)

2. ဟိုကန်ကို________________။ (금지 명령 : 그 호수로 가지 마세요!)

3. မနက်ရှစ်နာရီအထိကျောင်း________________။

(명령 : 아침 8시까지 등교해라!)

4. အဲဒီသူငယ်ချင်းကို________________တွေ့________________။

(청원 : 그 친구는 만나지 않게 해 주세요!)

5. ပိတောက်ပန်းက သိပ်________________။

(감탄 : 버다욱꽃은 정말 아름답구나!)

6. ဆရာ၊ စားသောက်ဆိုင်ကို________________။

(권유 : 선생님, 식당으로 모시겠습니다!)

7. ကျွန်တော် ကိုရီးယားသံရုံးမှာ________________။

(저는 대한민국 대사관에서 근무합니다.)

8. ကျွန်တော့်အလုပ်အကိုင်ဟာ________________။ (제 직업은 작가입니다.)

9. ကျွန်တော်________________။ (저는 군인입니다.)

10. ကျွန်တော်တို့________________။ (우리는 태국사람입니다.)

Ⅱ. 문장의 형태에 유의하여 다음 문장을 한국어로 옮기시오.

1. ခေါက်ဆွဲစားသွားကြစို့။

____

2. ကားလမ်းနားမှာမရပ်ပါနဲ့။

____

3. အော်၊ မောင်ဇော်ဇော်၊ ပြောချင်တာပြော။

____

4. လိပ်စာပဲမှတ်ထားလိုက်။

____

5. သင်္ဘောမစီးပါနဲ့။ လေယာဉ်ပျံနဲ့သွားကြအောင်။

____

6. အန္တရာယ်ရှိသလား။ ဒါဆိုရင်မလိုက်ပါရစေနဲ့။

____

7. ဒေါ်အောင်ဆန်းစုကြည်ကိုတစ်ခေါက်လောက်တွေ့ပါရစေ။

____

8. မြန်မာနိုင်ငံဟာ (၂၀၁၄)ခုနှစ်မှာ အာဆီယံဥက္ကဋ္ဌနိုင်ငံဖြစ်မယ်။

____

9. သူ ကိုရီးယားသံရုံးမှ သံအမတ်ကြီးပါ။

____

10. ကျွန်တော် ရန်ကုန်ဆေးရုံမှာ ဆရာဝန်အနေနဲ့အလုပ်လုပ်တယ်။

____

Ⅲ. 문장의 형태에 유의하여 다음 문장을 미얀마어로 작문하시오.

1. 이 차는 정말 빠르구나!(감탄)

____

2. 내일까지 숙제를 끝내라!(명령)

____

3. 오늘은 만나지 말자!(권유)

____

4. 커피를 많이 마시지 마세요!(부정명령)

____

5. 내일 비가 오지 않게 해 주세요!(기원)

____

6. 우리는 미얀마국민입니다.

____

7. 너의 직업은 무엇입니까?

____

8. 나의 직업은 중개업자입니다.

____

9. 교수님, 제가 말씀드린 식당에서 식사하시지요.(권유)

____

10. 미얀마는 중국, 태국과 국경을 맞대고 있다.

____

* နယ်စပ်ကပ်တယ်။ 국경을 맞대다

သင်ခန်းစာ(၄)

ရုပ်ရှင်ရုံကိုသွားကြည့်ကြစို့။

※ 괄호 속 표현은 존칭의 의미로 생략가능

ဟိုရုပ်ရှင်ရုံကိုသွားကြည့်ကြစို့။
호 욧?싱용고 따:찌.자.조.

အဲဟိုပြောလား။ ကောင်းပါပြီ၊ သွားကြ။
애:호 뾔:라: 까웅:바비 따:자.

ကျွန်တော် လက်မှတ်တစ်စောင်ပါတယ်။
쪄노 렛?(흐)맛? 더자웅 빠 대.

နောက်တစ်စောင်ပဲဝယ်မယ်။
나웃? 더자웅 배: 왜 매

ဒါဆိုရင် ကျွန်တော်အသီးဝယ်မယ်။
다 소잉 쪄노 어띠: 왜매

ကျွန်တော်တို့ထိုင်ခုံက ဒုတိယအတန်းပါ။
쪄노도. 타잉공가. 두.띠.야.어땅:바

ဒီခုံမဟုတ်ဘူးလား။ အော်၊ ဟိုဘက်လား။
디공머호웃?푸:―ㄹ라: 오 호벳?라:

ရုပ်ရှင် ဆယ့်နှစ်နာရီစပြမယ်နော်။
욧?싱 새.(흐)너나이 싸.빠,매노

အိမ်သာသွားချင်တယ်။ ဆယ့်တစ်နာရီမိနစ်ငါးဆယ်အထိပြန်မယ်။
에잉다 따: 진대 새.떠나이 미.닛?응아:재어티. 빵매

저기 극장을 가자!
저기 저 극장을 말하니? 좋다. 가자.
나는 표 한 장이 있어.
한 장만 더 사면 돼.
그럼 내가 과일을 살게.

우리 좌석은 두 번째 열이야.
이 좌석이 아니니? 아...저쪽이니?
영화는 12시에 시작하지.(그렇지?)
화장실가고 싶어. 11시 50분까지 올게.

1 단계

단어와 숙어 익히기

※ 동사에는 종조사 တယ်။가 붙는다.

ရုပ်ရှင်ရုံ	영화관, 극장

*ရုံ은 사적인 사무실, 공간

ရုံး은 공적인 사무실, 공간

စောင်	(유별사: 종이, 문서) 장, 매
နောက်	뒤, (순서) 다음
ဆို	말하다
ရင်	~라면, ~이면
ထိုင်ခုံ	의자, 좌석
ဘက်	(방향) 쪽
စတယ်။	시작하다.
အိမ်သာ	화장실
အထိ	~까지

2 단계

문법 따라잡기

1. 명사의 종류

미얀마어의 품사는 크게 명사, 동사, 조사 등 3종류로 나눠진다. 이 과에서는 명사에 대해 배워본다. 먼저 명사는 술부의 보어, 격표지(case marker) 등 명사에만 나타나는 각종의 조사를 취하는 특징이 있다. 미얀마어의 명사는 성(姓), 수(數), 격(格)에 의한 어형 변화가 없다. 대신 사람과 사물 등을 세는 유별사(classifier)가 매우 발달했으며 동사가 명사화된 단어가 적지 않다. 또한 단순명사와 달리 명사와 명사, 명사(동사)와 동사(명사)가가 합쳐져 명사가 된 복합명사도 적지 않다. 먼저 인칭과 사물과 상황을 가리키는 지시사 등 대명사부터 배워보자.

2. 인칭대명사

	남성	여성	복수	상하관계	승려	
					남	여
1인칭	ကျွန်တော် ကျနော် ကျွန်ုပ် ကျုပ်	ကျွန်မ ကျမ	----တို့	ငါ ကိုယ်	တပည့်တော် [dəbɛ.dɔ]	တပည့်တော်မ
2인칭	ခင်ဗျား	ရှင်	”	မင်း သင် နင်	အရှင်ဘုရား ဦးပဉ္ဇင်း[u:bəzin:]	
3인칭	သူ	သူ	”		ဦးပဉ္ဇင်း	

위 표에서 보는 바와 같이 미얀마어는 화자를 중심으로 인칭대명사는 변화한다. 1인칭의 경우 ကျွန်은 노예, တော်는 궁중용어로서, 왕실에 봉역한 자들이 왕에게 자신을 낮추어 쓰던 말이 현대에 들어 1인칭 '나'로 굳어진 것이다. 두 번째는 구어체 발음을 그대로 옮긴 것이며, 네 번째는 구어체 약칭이다.

여성 1인칭의 경우 여성을 의미하는 မ와 결합한다. 단, 만달레 등 중부지방 출신 여성의 경우에도 ကျွန်တော်를 쓰기도 한다. 2인칭의 경우에도 화자가 남자이면 상대방에 상관없이 ခင်ဗျား를 써야 되며, 여성도 동일한 원칙을 따른다.

미얀마가 불교국가라는 사실을 모르는 사람은 없을 것이다. 그래서 승려들과 관련된 모든 용어는 독립적이다. 승려는 부처의 자식이자 제자이므로, 남자승려의 경우 제자를 의미하는 တပည့်를 쓰고, 궁중용어인 တော်를 합성한다. 비구의 경우 남성과 같으며, 마지막에 여성을 의미하는 မ와 결합한다. 2인칭 အရှင်ဘုရား는 일면식이 없는 승려, ဦးပဉ္စင်း은 친분이 있는 경우 사용한다.

호칭사: 최근 들어 부모의 이름 중 일부를 성으로 사용하고 있으나 미얀마는 공계친족제도를 택하고 있기 때문에 성(姓)이 없다. 대신 남녀와 연령의 구별에 따라 이름 앞에 붙이는 호칭사가 존재한다. 다음 표에 따라 남성과 여성은 각각의 이름 앞에 호칭사를 붙이는데, 반드시 연령에 따라 적용되지 않는다.

예를 들어 연장자는 연소자가 연령이 많더라도 친분을 표하기 위해 မောင် 또는 မ를, 30대 정도라고 해도 공식적인 자리에서는 ဦး 또는 ဒေါ်를 사용하기도 한다.

	30대까지	40-50대	60대 이상
남성	မောင်	ကို	ဦး
여성	မ		ဒေါ်

3. 지시대명사

	지시대명사	지시형용사	복수
근칭(이)	ဒါ၊ ဒီဟာ(က)၊ ဟောဒါ	ဒီ၊ ဟောဒီ	ဒါတွေ
중칭(그)	အဲဒါ	အဲဒီ	အဲဒါတွေ
원칭(저)	ဟိုဟာ(က)၊ ဟောဟိုဟာ(က)	ဟို၊ ဟောဟို	

예문

၁။ ဒါပန်းလား။ 이것은 꽃입니까?

၂။ အဲဒါပန်းမဟုတ်ဘူး။ ဒါကပန်းပါ။ 그것은 꽃이 아닙니다. 이것이 꽃입니다.

၃။ အဲဒီလိုမရေးပါနဲ့။ ဒီလိုရေးပါ။
그렇게 쓰지 마라. 이렇게 써라.

၄။ ဟိုဟိုတယ်က အဆင်ပြေသလား။ ဒီအိမ်ကအဆင်ပြေသလား။
저기 호텔이 편합니까? 이 집이 편합니까?

၅။ ခင်ဗျားပြောတာ ဒါတွေလား၊ အဲဒါတွေလား။
당신이 말한 것이 이것들입니까? 그것들입니까?

4. 의문사(앞 단원에서 학습)

ဘာ	무엇
ဘယ်	어떤, 어디, 어느
ဘယ်သူ	누구
ဘယ်တော့၊ ဘယ်တုန်းက	언제(미래/과거)
ဘယ်လောက်	얼마(수, 양)
ဘာဖြစ်လို့	왜, 왜냐하면

5. 수사

미얀마는 아직도 아라비아 숫자를 많이 쓰지 않는다. 최근 개혁개방으로 인해 자동차 번호판을 아라비아 숫자로 교체했지만, 여전히 대부분의 생활 속에서 미얀마 숫자는 널리 통용되고 있다.

|기수|

၁ တစ်[tiʔ] 띳?

၂ နှစ်[hniʔ] (흐)닛?

၃ သုံး[thoun:] 또웅:

၄ လေး[le:] 레:

၅ ငါး[ŋa:] 응아:

၆ ခြောက်[chauʔ] 차웃?

၇ ခုနစ်[khunhniʔ/khun] 쿠니?/쿵

၈ ရှစ်[ši?] 씻?

၉ ကိုး[ko:] 꼬:

၀ သုည[thounň(ny)a.] 똥냐.

---

၁၁ ဆယ့်တစ်[hsɛ.tiʔ] 새.띳?

၁၂ ဆယ့်နှစ်[hsɛ.hniʔ] 새.(흐)닛?

၁၃ ဆယ့်သုံး[hsɛ.thoun:] 새.또웅:

၁၄ ဆယ့်လေး[hsɛ.le:] 새.레:

---

၂၀ နှစ်ဆယ်[hnəhsɛ] (흐)넛?새

၃၀ သုံးဆယ်[thoun:zɛ] 똥:재

၄၀ လေးဆယ်[le:zɛ] 레:재

၅၀ ငါးဆယ်[ŋa:zɛ] 응아:재

၁၀၀	တ(စ်)ရာ[təya] 떠야	일백
၁၀၀၀	တ(စ်)ထောင်[təhtaun] 떠타웅	일천
၁၀၀၀၀	တ(စ်)သောင်း[təthaun:] 떠따웅:	일만

၁၀၀၀၀၀	တ(စ်)သိန်း[təthein] 떠떼잉:	십만
၁၀၀၀၀၀၀	တ(စ်)သန်း[təthan] 떠땅:	백만
၁၀၀၀၀၀၀၀	တ(စ်)ကုဋေ[dəgəde] 더거데	천만
၁၀၀၀၀၀၀၀၀	ဆယ်ကုဋေ[hsɛgəde] 새거데	일억

ex) 15 → ဆယ့်ငါး[hsɛ.ŋa:]

※ 10과 5를 연속으로 배열하는 식이므로 10 다음에 1성조 부호 표시를 한다.

1997 → တထောင့်ကိုးရာ့ကိုးဆယ့်ခု[təhtaun.kou:ya.kou:zɛ.hku.]

※ 20 이상의 수 중 마지막이 0으로 끝나는 수와 양은 해당 수와 양을 전치시키고, 해당 숫자를 후치시킨다.

ex) 12시 13분 → ဆယ့်နှစ်နာရီဆယ့်သုံးမိနစ်

12시 20분 → ဆယ့်နှစ်နာရီမိနစ်နှစ်ဆယ်

|서수|

순서를 세는 서수는 다음과 같다. 통상 네 번째 이후부터는 기수를 사용하는데, 이 때 မြောက်를 추가한다. 즉 기수+유별사+မြောက် 순이 된다.

첫째 ပထမ(ပဌမ)[pəhtəma.] 뻐터마.

둘째 ဒုတိယ [du.ti.ya.] 두.띠.야.

셋째 တတိယ[ta.ti.ya.] 따.띠.야.

넷째 စတုတ္ထ [zədouʔhta.] 저도웃ʔ타.

다섯째 ပဉ္စမ[pyinsəma.] 삔서마.

여섯째 ဆဋ္ဌမ[hsaʔhtəma.] 삿ʔ터마.

일곱째 သတ္တမ[thaʔtəma.] 땃ʔ떠마.

여덟째 အဋ္ဌမ[aʔhtəma.] 앗ʔ터마.

아홉째 နဝမ[nəwəma.] 너워마.

열번째 ဒသမ[daʔthəma.] 닷ʔ떠마.

ခင်ဗျားဟာ ခြောက်ယောက်မြောက်ပါ။
당신은 여섯 번째 사람이다.

နှစ်ထောင့်ဆယ့်ငါးခုနှစ်က ခြောက်ဆယ့်ခုနှစ်ကြိမ်မြောက်လွတ်လပ်ရေးနေ့ပါ။
2015년은 제 67회 독립기념일이다.

※ 횟수의 반복은 ကြိမ်을 추가한다.

မနက်ဖြန်ဟာ အကြိမ်သုံးဆယ်မြောက်ပြပွဲပါ။
내일은 제 30회 박람회이다.

표현 따라하기

သူတို့ဟိုရုပ်ရှင်ရုံကိုသွားသလား။
뚜도. 호 욧ʔ싱용고 따:더ㅡㄹ라:
그들은 저 극장에 갔습니까?

အဲဒီရုပ်ရှင်ရုံမဟုတ်ဘူး။ ဒီရုပ်ရှင်ရုံပါ။
애:디욧ʔ싱용 머호웃ʔ푸: 디 욧ʔ싱용바
그 극장이 아닙니다. 이 극장입니다.

ကျွန်တော်တို့ စုစုပေါင်းအယောက်လေးဆယ်ပါ။
쩌노도. 수.주.바웅: 어야웃ʔ레.재비
우리는 모두 40명입니다.

လက်မှတ်ငါးစောင်လိုသေးတယ်။
렛ʔ(흐)맛ʔ 응아:자웅 로데:대
표 다섯 장이 더 필요합니다.

ခင်ဗျားဒီရုပ်ရှင်ရုံကိုရောက်ဖူးလား။
커먀: 디 욧ʔ싱용고 야웃ʔ 푸ㅡㄹ:라:
당신은 이 극장에 와 봤습니까?

ရောက်ဖူးတယ်။ အခုလာတာခြောက်ကြိမ်ပါ။
야웃ʔ 푸:대 어쿠.라다 차웃ʔ쩨잉바
와봤습니다. 이번이 여섯 번째입니다.

ဗျာ၊ ကျွန်တော် မကြားရဘူး။ ပြန်ပြောပေးပါဦး။
뱌 쩌노 머짜: 야.부: 빵 뾰: 뻬:바옹:

네? 못 들었습니다. 다시 말해 주세요.

ဒီရုပ်ရှင်ရုံခြောက်ကြိမ်မြောက်လာတာပါ။
디 욧?싱용 차웃?찌잉 먀웃? 라다바

이 극장에 여섯 번 와 봤습니다.

အော်၊ နားလည်ပြီ။ ကဲ၊ သွားကြအောင်။
오 나:ㅡㄹ래비 개: 똬: 자.아웅

아! 이해했어요. 자! 갑시다.

|단어|

* စုစုပေါင်း　　합계
* ဗျာ 또는 ခင်ဗျာ　　(男)1. 상대방의 말을 잘 듣지 못해 다시 청할 때
  2. (겸손) 영어의 sir와 같은 의미
* ကြားတယ်။　　듣다.

cf〉 집중해서 듣는 것은 နားထောင်တယ်။

1. 달력 읽기

미얀마에서 달력 읽기는 우리나라와 마찬가지로 년, 월, 일 순이다. 그러나 글로 쓸 때는 반대로 일, 월, 년으로 쓰는데, 이때는 아라비아숫자 또는 미얀마 숫자를 쓴다. 각 년, 월, 일 구분은 마침표 또는 슬래시(/)를 사용한다. 미얀마력은 서기력에서 638을 빼면 된다. 즉 2014년은 미얀마력으로 1376년이다.

가. 월(月)읽기

숫자와 마찬가지로 미얀마는 아직까지 미얀마력(ကောဇာသက္ကရာဇ်)을 사용하며, 시골로 갈수록 사용도는 더 높다. 모든 매체에는 서기력과 미얀마력이 동시 표기된다. 미얀마의 새해 시작은 4월로 이 달 중순 쯤 물축제를 실시한다. 서기력은 영어식 표현을 미얀마어로 옮긴 것이다. ( )는 미얀마력이고 모든 월 뒤에는 달(월)을 의미하는 လ가 붙거나 생략되기도 한다.

	1월(10)	2월(11)	3월(12)
서기력	ဇန္နဝါရီလ (ဇန်နဝါရီလ)	ဖေဖော်ဝါရီလ	မတ်လ
미얀마력	ပြာသိုလ	တပို့တွဲလ	တပေါင်းလ
	4월(1)	5월(2)	6월(3)
서기력	ဧပြီလ	မေလ	ဇွန်လ
미얀마력	တန်ခူးလ	ကဆုန်လ	နယုန်လ
	7월(4)	8월(5)	9월(6)
서기력	ဇူလိုင်လ	ဩဂုတ်လ	စက်တင်ဘာလ
미얀마력	ဝါဆိုလ	ဝါခေါင်လ	တော်သလင်းလ
	10월(7)	11월(8)	12월(9)
서기력	အောက်တိုဘာလ	နိုဝင်ဘာလ	ဒီဇင်ဘာလ
미얀마력	သီးတင်းကျွတ်လ	တန်ဆောင်မုန်းလ	နတ်တော်လ

미얀마력은 발음이 철자와 일치하지 않는 경우가 많다. 다시 보자.

1월 တန်ခူးလ[dəgu:la.] 더구:-ㄹ라.

2월 ကဆုန်လ[gəhsounla.] 거송라.

3월 နယုန်လ[nəyounla.] 너용라.

4월 ဝါဆိုလ[wazoula.] 와조라.

5월 ဝါခေါင်လ[wagaunla.] 와가웅라.

6월 တော်သလင်းလ[tɔdəlin:la.] 또더린:라.

7월 သီးတင်းကျွတ်လ[dədin:kyuʔla.] 더딘:쥿ʔ라.

8월 တန်ဆောင်မုန်းလ[dəzaunmoun:la.] 더자웅몽:라.

9월 နတ်တော်လ[nədɔla.] 너도-ㄹ라.

10월 ပြာသိုလ[pyadoula.] 빠도-ㄹ라.

11월 တပို့တွဲလ[dəbou.dwɛːla.] 더보.돼:-ㄹ라.

12월 တပေါင်းလ[dəbaunːla.] 더바웅:라.

나. 일(日) 읽기

일별 읽기는 보름을 기준으로 상순(百分, 1일-15일)과 하순(黑分, 16-30일)으로 나누고 이를 기점으로 날짜를 센다. 이 표현법은 미얀마력에서만 사용되고, 일반적으로 태양력에 따라 일(日)을 읽을 때는 정해진 날짜에 ရက်နေ့ 즉, ~일 이라는 의미의 단어를 넣는다.

လဆန်း[la.zanː] 라.장: 상순(百分, 1일-15일)

လပြည့်ကျော်[la.pyi.gyaw] 라.삐.조 하순(黑分, 16-30일)

ex) တန်ခူးလပြည့်ကျော်သုံးရက်နေ့ = ဧပြီလဆယ့်ရှစ်ရက်နေ့

※ ရက်와 နေ့의 구분

두 단어는 공히 날(日)을 의미하는 단어지만 상황에 따라 다르게 쓰인다. 전자는 명확한 시간이나 정해진 이틀 이상의 기간을 의미하며, 후자는 단 하루만을 나타낼 때 쓴다. 예를 들어 3일간이라면 သုံးရက် 이라고 쓰며, 오늘, 내일과 같은 시간은 နေ့ 를 쓴다.

2. 요일 읽기

미얀마의 요일은 일요일부터 토요일까지 한국과 같으며, 독특하게 수요일은 오후 6시 이전과 이후 등 두 개로 나뉘진다.

일요일 တနင်္ဂနွေနေ့ [təninːgənwene.] 떠닝:거눼네.

월요일 တနင်္လာနေ့ [tənin:lane.] 떠닝:라네.

화요일 အင်္ဂါနေ့ [ingane.] 잉가네.

수요일 ဗုဒ္ဓဟူးနေ့ [bou?dəhu:ne.] 보웃?더후네.

(ရာဟု [yahu.] 야후.)

목요일 ကြာသပတေးနေ့ [kyadəbəde:ne.] 짜더버데:네.

금요일 သောကြာနေ့ [thau?kyane.] 따웃?짜네.

토요일 စနေနေ့ [sənene.] 서네네.

미얀마에서는 생일보다 태어난 요일이 더 중요하다!

미얀마에서는 태어난 요일에 따라 해당되는 자음을 이름의 첫 음절에 넣는 작명법이 있다. 요즘에는 이 규칙을 어기기도 하지만 대부분은 이름을 보면 어떤 요일에 출생한지를 알 수 있다. 또한 남녀가 궁합을 볼 때 요일별 성격을 중시 여긴다. 모든 사람들은 출생 당시 생년월일 주기표인 자따(ဇာတာ)를 만들어 보관할 정도이고, 불교사원에서도 태어난 요일에 따라 부처상을 따로 설치해 둔다.

요일	성격	행성	작명시 포함 문자	동물
일	인색	태양	အ	가루다
월	질투가 많음	달	က,ခ,ဂ,ဃ,င	호랑이
화	성식	화성	စ,ဆ,ဇ,ဈ,ည,ဉ	사자
수	급하고 단순	수성	လ,ဝ,သ	코끼리(상아 O)
		야후	ရ	코끼리(상아 X)
목	온순	목성	ပ,ဖ,ဘ,ဗ,မ	쥐
금	수다스러움	금성	သ,ဟ	기니피그(돼지)
토	다혈질, 시비조	토성	တ,ထ,ဒ,ဓ,န ဋ,ဌ,ဒ,ဍ,ဎ,ဏ	해룡(海龍)

4단계

문제 풀기

I . **다음 빈칸에 알맞은 단어를 넣어 완성시키시오.**

1. ______________ နေ<u>ကြာ</u>ပန်းလား။
(저것은 해바라기입니까?)

2. ______________ အဆောက်အအုံက ______________။
(저 건물이 도서관입니까?)

3. ကျွန်တော့်ကို မိတ်ဆက်ပေးပါ့မယ် ______________။
(여러분! 저를 소개하겠습니다.)

4. အခု ______________ နှစ်နာရီထိုး(ရှိ) ______________။
(지금 몇 시입니까?)

5. ဒီနှစ်ဆရာများနေ့ ______________။
(올 해 스승의 날은 몇 회째입니까?)

6. ဆရာများနေ့ဟာနှစ်တိုင်း ______________။
(스승의 날은 매년 5월 15일입니다.)

7. မြန်မာဟာ ______________ အာဆီယံအဖွဲ့ဝင်နိုင်ငံပါ။
(미얀마는 여덟 번째 아세안 회원국이다.)

8. ကျွန်တော် ______________ မှာ မွေးပါတယ်။
(저는 1975년 2월 25일 출생입니다.)

9. ဒီနေ့ ______________။
(오늘은 무슨 요일입니까?)

10. ဒီနေ့ ______________ ပါ။
(오늘은 금요일입니다.)

Ⅱ. 다음 문장을 한국어로 옮기시오.

1. အဲဒီခေါက်ဆွဲစားမလား။ ဒီဟာစားမလား။

2. ဒါတွေကို မလိုချင်ပါဘူး။

3. ဟောဒီစက္ကူမှာ စာရေးပါ။

4. အသက်ကယ်အင်္ကျီဟာ သင့်ထိုင်ခုံအောက်မှာထားတယ်။

5. ကျွန်မ ဂျပန်သံရုံးမှာသံမှူးအနေနဲ့အလုပ်လုပ်နေပါတယ်ရှင်။

6. ကောဇာသက္ကရာဇ်တပေါင်းလဟာ ခရစ်သက္ကရာဇ်ရဲ့မတ်လပါ။

7. နှစ်ထောင်ဆယ့်နှစ်ခုနှစ် ဇန္နဝါရီလလေးရက်နေ့ဟာ ခြောက်ဆယ့်လေးကြိမ်မြောက် လွတ်လပ်ရေးနေ့ပါ။

8. ရှင်ဟာ ဘာနေ့မှာ မွေးသလဲ။ နာမည်မှာ ဇခွဲပါလို့အင်္ဂါလား။

9. တစ်ပတ်ရဲ့တတိယဆုံးနေ့ဟာ ဘာနေ့လဲ။

10. သီးတင်းကျွတ်လမှာ ဘာပွဲကျင်းပသလဲ။

Ⅲ. 다음 문장을 미얀마어로 작문하시오.

1. 이 차는 만달레를 갑니까?

2. 그것들로 충분하다.

3. 네? 무엇이라고 말하셨습니까?

4. 미얀마에 몇 번 방문한적 있습니까?

5. 오늘은 월요일이므로, 모레는 수요일이다.

6. 당신 어머니 생신은 언제입니까?

7. 미얀마력 4월은 태양력 7월이다.

8. 미얀마에 5일 머무른 뒤 서울에 돌아올 겁니다.

9. 나는 1994년 3월에 대학에 입학했습니다.

10. 제 30회 박람회에는 사람들이 많습니다.

သင်ခန်းစာ(၅)

ဘာလိုချင်သလဲ။

※ 괄호 속 표현은 존칭의 의미로 생략가능

ဘာလိုချင်သလဲ။
바 로징 더ㅡㄹ래:

ထဘီရှိ(သ)လား။ အပြာနဲ့အစိမ်းရောင်ကြည့်ချင်တယ်။
터메잉 시.(더)ㅡㄹ라: 어빠 내. 어쎄잉:야웅 찌.진대

အပြာနဲ့အနီဘဲရှိတယ်။ အနီလှတယ်၊ ရော့ ကြည့်လိုက်။
어빠 내. 어니 배: 시.대 어니 (흘)라.대 요. 찌.라잇?

ထဘီအပြာရောင်ကြိုက်တယ်။
터메잉 어빠 야웅 짜잇?때

အဲဒါယူမယ်။ ဘယ်လောက်လဲ။
애:다 유매 배ㅡㄹ라웃?래:

ဘယ်နှစ်ထည်ယူမလဲ။ လေးထည်ငါးထည်ဝယ်ရင်လျှော့ပေးမယ်။
배 (흐)너태 유머ㅡㄹ래: 레:태 응아:태 왜잉 쏘. 뻬: 매

ငါးထည်ကိုတစ်သောင်းနဲ့ပေးပါဦး။
응아:태 고 더따웅: 내. 뻬:바 옹:

အိုကေ တခြားဘာလိုချင်သလဲ။
오께 더차: 바 로징 더-ㄹ래:

ညီလေးအတွက်ဘောင်းဘီတစ်ထည်လောက်ယူမယ်။
니ㅡㄹ레: 어퉷? 바웅:비 떠태 라웃? 유매

무엇이 필요합니까?
터메잉 있습니까? 파란색과 녹색을 보고 싶습니다.
파란색과 빨간색뿐입니다. 빨간색이 예쁩니다. 여기! 보세요.
파랑색 터메잉이 좋습니다.
저것을 사겠습니다. 얼마입니까?
몇 벌 살겁니까? 4–5벌 사면 깎아주겠습니다.
다섯 벌을 1만짯에 주십시오.
좋습니다. 더 필요한 것이 있습니까?
남동생 바지 한 벌을 살 겁니다.

단어와 숙어 익히기

※ 동사에는 종조사 တယ်။가 붙는다.

ချင်တယ်။ (조동사)~하고 싶다.

အပြာ 파란색의

အစိမ်း 녹색의

အရောင် 색깔

အနီ 빨간색의

လှတယ်။ (전체적, 몸매) 아름답다.

cf〉 ချောတယ်။ 잘생기다.

လျှော့တယ်။ (양, 수)줄이다.

ကျပ် (미얀마 화폐단위)짯, 교통체증나다, 매우 비좁다.

အိုကေ okay의 영어식 표현

တခြား (앞서 말한 것 이외) 다른 (것)

ညီလေး 남동생, (상점, 식당) 나이 어린 종업원을 부를 때

အတွက် ~을 위해, ~때문에

※ 가족(မိသားစု)

အဘိ 고조부

အဘေး 증조부

အဘိုး 또는 အဖိုး 또는 ဘိုးဘိုး 할아버지

အဘွား 또는 အဖွား 또는 ဖွားဖွား 할머니

အဖေ 또는 ဖခင် 또는 ဖေဖေ 아버지, 아빠

အမေ 또는 မိခင် 또는 မေမေ 어머니, 엄마

ယောက်ျား 또는 လင် 또는 အမျိုးသား 또는 ခင်ပွန်း 남편(세 번째와 네 번째는 정중한 표현)

ဇနီး 또는 မယား 또는 အမျိုးသမီး	아내(세 번째는 정중한 표현)
လင်မယား	부부
ညီအ(စ်)ကိုမောင်နှမ	형제자매
အ(စ်)ကို	형, 오빠
အမ	누나, 언니
မောင်	누나의 남동생
ညီ 또는 ညီလေး	누나, 형의 남동생
ညီမ 또는 ညီမလေး	누나, 오빠의 여동생
ကလေး	아이
မြေး[myi:]	손자
သား	아들(연장자가 연소자를 부르거나 연장자 앞에서 연소자가 자신을 낮출 때도 사용)
သမီး[thəmi:]	딸(연장자가 연소자를 부르거나 연장자 앞에서 연소자가 자신을 낮출 때도 사용)
ဦးလေး	(통칭)삼촌
အဒေါ် 또는 ဒေါ်လေး 또는 အန်တီ	이모, 아주머니
အရီး	고모
ဘကြီး	삼촌(아버시의 형), 이모부(어머니 언니의 남편)
ဘထွေး	삼촌(아버지의 동생), 이모부(어머니 여동생의 남편)
ဦးကြီး	외삼촌(어머니의 오빠), (통칭) 어르신(လူကြီး)

တူ	남자조카
တူမ	여자조카
ယောက်မ	형수, 계수, 시누이, 올케, 저제, 처형
ယောက်ဖ	시아주버니, 시동생, 처남, 매부, 동서
ယောက္ခမ	시아버지, 장인어른
ယောက္ခမ	시어머니, 장모

문법 따라잡기

1. 명사

이번 과에서는 보통명사의 종류와 미얀마어에서 특히 발달된 사람과 사물의 수와 양을 지칭하는 유별사(classifier, 또는 지시사)에 대해 배워본다.

가. 보통명사: 주로 단음절로 구성된 단순명사임

ကား[ka:]	자동차
ခါး[hka:]	허리, (맛) 쓴
ခြေ[che(i)]	발
ငါး[ŋa:]	(숫자) 5, 생선
စက်[sɛʔ]	기계
ဆား[hsa:]	소금
ဇွန်း[zun:]	숟가락
ညောင်[nyaun]	보리수
တူ[tu]	젓가락, 남자조카, 망치, 같다.
ထီ[hti]	복권

ထီး[hti:] 우산

ဓား[da:] 칼(刀)

နွား[nwa:] 소(牛)

ပါး[pa:] 볼, 뺨, 얇은, 날카로운, (유별사: 존경스러운 사람) ~분

ဖား[hpa:] 개구리

ဗိုလ်[bou] 군인

ဘွဲ့[bwɛ.] 학위

မြစ်[myiʔ] 강(江)

ယုန်[yun] 토끼

ရေ[ye] 물

ရွှေ[shwe] 황금

လက်[lɛʔ] 손

ဝက်[wɛʔ] 돼지

သား[tha:] 아들

အုတ်[ouʔ] 벽돌

나. 다음절명사: 2음절 이상으로 구성된 명사로써 분리하면 고유의 의미가 사라지는 명사임.

ကောလိပ်[kɔ:leiʔ] 2년제 대학, 단과대학

ကောင်းကင်[kaun:gin] 하늘

ခုတင်[gədin] 침대

ငလျင်[ŋəlyin] 지진

စေတီ[zedi] 불탑(출입 불가능)

ဆရာ[hsəya] 선생님

ဌာန[htana.] 과(課)

တရား[təya:]	(불교) 법(法)
ဒရယ်[dəyɛ]	사슴
ဓမ္မ[damma.]	정법(正法)
နမူနာ[nəmuna]	견본, 샘플
ပုထိုး[hpəhtou:]	불탑(출입 가능)
ဖေဖော်ဝါရီလ[hpebɔwarila.]	2월
ဘီလူး[bəlu:]	벌루(식인귀)
ဘုရား[hpəya:]	불탑, 파고다
မနုဿ[mənouʔtha.]	사람(빨리어)
ယပ်တောင်[yuʔtaun]	부채
ရာဇ[yaza.]	연대기
လောဘ[lɔ:ba.]	욕심
ဝါဒ[wada.]	이념
သနပ်ခါး[thənaʔhka:]	떠나카(얼굴에 바르는 자외선 차단제)
အစိုးရ[əsou:ya.]	정부

다. အ로 시작하는 다음절명사

미얀마어에서 흔히 볼 수 있는 명사의 형태이다. 앞서 배웠듯이 과일의 경우 통칭 အသီး이다. 예를 들어 파파야를 의미할 경우 전치한 အ가 생략되고, 그 자리에 파파야를 의미하는 သင်္ဘော를 넣고, 마지막에 과일을 의미하는 သီး를 넣어 합성한다.

과일과 마찬가지로 육류, 감각과 관련된 단어, 친족어(남녀 성별 구별 포함) 등도 이 경우에 해당된다.

(1) 명사와 결합하는 경우

အသီး[əthi:]	과일

မက်မွန်သီး[mɛʔmundi:] 복숭아 → မက်မွန်(복숭아) + အသီး(과일)

နာနတ်သီး[nanaʔthi:] 파인애플 → နာနတ်(파인애플) + အသီး(과일)

ကျွဲကောသီး[kywɛ:gɔ:di:] 포멜로(pomelo) → ကျွဲကော(포멜로) + အသီး(과일)

သရက်သီး[thəyɛʔthi:] 망고

စတော်ဘယ်ရီ[sətɔbɛ:ri] 딸기(영어식 표현)

အသား[ətha:] 고기

ဆိတ်သား[hseiʔtha:] 염소고기 → ဆိတ်(염소) + အသား(고기)

ကြက်သား[kyɛʔtha:] 닭고기 → ကြက်(닭) + အသား(고기)

※ အမဲသား[əmɛ:tha:] 소고기 → အမဲ + အသား(고기)

နွားသား는 매우 거친 표현으로 쓰지 않는다.

အခ[əhka.] 보수, 급료

အိမ်လခ[einla.ga.] 집세 → အိမ်(집) + အခ(보수)

ဘတ်စကားခ[baʔsəka:ga.] 버스 → ဘတ်စကား(버스) + အခ(보수)

လခ[la.ga.] 월급 → လ(달) + အခ(보수)

အခန်း[əhkan:] 방

ဧည့်ခန်း[ɛ.gan:] 응접실 → ဧည့်(손님) + အခန်း(방)

စာသင်ခန်း[sathingan:] 교실 → စာသင်တယ်(가르치다, 배우다) + အခန်း(방)

အငွေ့[əŋ(ng)we.] 증기, 열기

ကိုယ်ငွေ့[kouŋ(ng)we.] 체온 → ကိုယ်(신체) + အငွေ့(수증기)

ဓာတ်ငွေ့[daʔŋ(ng)we.] 가스 → ဓာတ်(전기, 화학) + အငွေ့(수증기)

အနံ့[ənan.]	냄새
အရက်နံ့[əyɛʔnan.]	술냄새 → အရက်(술) + အနံ့(냄새)
နှမ်းဆီနံ့[hnan:hsinan.]	참기름냄새 → နှမ်းဆီ(참기름) + အနံ့(냄새)
အမျိုး[əmyou:]	종류
လူမျိုး[lumyou:]	민족 → လူ(사람) + အမျိုး(종류)
ဆွေမျိုး[hswemyou:]	친척 → ဆွေ(혈연, 친족) + အမျိုး(종류)
အပင်[əpin]	나무
ထင်းရှူးပင်[htin:shu:pin]	소나무 → ထင်းရှူး(소나무) + အပင်(나무)
ပိန္နဲပင်[pein:nɛ:pin]	잭프루트(jack fruit) → ပိန္နဲ(잭프루트) + အပင်(나무)
ဝါးပင်[wa:pin]	대나무 → ဝါး(대(竹)) + အပင်(나무)
အရည်[əyi]	액체
မျက်ရည်[myɛʔyi]	눈물 → မျက်(얼굴) + အရည်(액체)
လက်ဖက်ရည်[lɛʔhpɛʔyi]	차(茶) → လက်ဖက်(차(茶)) + အရည်(액체)
အရွက်[əywɛʔ]	잎
စာရွက်[saywɛʔ]	종이(紙) → စာ(글, 문자) + အရွက်(잎)
အသံ[əthan]	소리
တူသံ[dudhan]	망치소리 → တူ(망치) + အသံ(소리)

(2) အ+형용사의 형태로 명사화되는 경우: 형용사하는 것, 또는 형용사인 것으로 해석됨.

အကြီး[əkyi:] 크기 → အ + ကြီး(큰) 예문 လူကြီး[lugy(j)i:] 어른

အချို[əchou] (맛) 단맛 → အ + ချို(단) 예문 ဝက်ချိုချဉ်[wɛʔchouchin] 탕수육

အနီ[əni] 빨간색 → အ + နီ(빨간) 예문 အနီရောင်[əniyaun] 빨간색

အထီး[əhti:] 수컷 → အ + ထီး(수컷의) 예문 နွားထီး[nwa:hti] 숫소

အပြာ[əpya] 파란색 → အ + ပြာ(파란)

အများ[əmya:] 다수 → အ + များ(많은) 예문 လူများစု[lumya:zu.] 대다수 사람

အမြင့်[əmyin.] 높이 → အ + မြင့်(높은) 예문 နန်းမြင့်ဆောင် [nan:myin.hsaun] 망대탑

အဟောင်း[əhaun:] 옛 것 → အ + ဟောင်း(오래된)

အသစ်[əthiʔ] 새 것 → အ + သစ်(새로운) 예문 ကားသစ်[ka:thiʔ] 신차

2. 유별사(지시사)

ကောင်[gaun] (짐승) 마리 예문 ကြောင်တစ်ကောင် 고양이 한 마리

ခု[hku.] (명사) 개 예문 ပစ္စည်းတစ်ခု 물건 한 개

ချောင်း[chaun:] 가늘고 긴 물건 예문 ခဲတံတစ်ချောင်း 연필 한 자루

ချပ်[chaʔ] 얇고 평평한 물건 예문 ဖဲတစ်ချပ် 카드 한 장

ခွက်[hkwɛʔ] 잔 예문 ကောဖီတစ်ခွက် 커피 한 잔

စီး[si:] (탈 것) 대 예문 စက်ဘီးတစ်စီး 자전거 한 대

စင်း[sin:] (긴 모양 탈 것) 대 예문 သင်္ဘောတစ်စင်း 배 한 척

စောင်[zaun] (신문, 편지) 장 예문 စာတစ်စောင် 편지 한 장

စုံ[soun] (세트) 벌 — 예문 စွယ်စုံကျမ်းတစ်စုံ 백과사전 한 질

ဆူ[hsu] (종교) 기(基) — 예문 ဘုရားတစ်ဆူ 불탑 한 기

ဆောင်[hsaun] (집, 건물) 채 — 예문 အိမ်တစ်ဆောင် 집 한 채

ဆိုင်[hsain] (장소) 가게 — 예문 ထမင်းဆိုင်တစ်ဆိုင် 식당 한 곳

တုံး[t(d)oun:] (묶음, 덩어리) 개 — 예문 သနပ်ခါးတစ်တုံး 따나카 한 개

ထည်[htɛ] (옷) 벌 — 예문 လုံချည်တစ်ထည် 롱지 한 벌

ပါး[ba:] (존경) 분 — 예문 ဘုန်းကြီးသုံးပါး 스님 세 분

ပုလင်း[pəlin:] (음료수) 병 — 예문 ဝီစကီသုံးပုလင်း 위스키 세 병

* 현대 미얀마어에서는 ပုလင်း 보다 လုံး 을 보편적으로 사용한다.

ပေါက်[pauʔ] 방울, 점 — 예문 မိုးရေတစ်ပေါက် 빗물 한 방울

예문 မှဲ့တစ်ပေါက် 점 한 개

ပင်[pin] 그루 — 예문 အုန်းပင်တစ်ပင် 야자 한 그루

ပုဒ်[pouʔ] (노래, 싯구) 곡 — 예문 သီချင်းတစ်ပုဒ် 노래 한 곡

ပိုဒ်[paiʔ] (노래, 싯구) 절, 단락 — 예문 သီချင်းတစ်ပိုဒ် 노래 소절

ပွဲ[bwɛ:] (음식) 접시 — 예문 ထမင်းကြော်တစ်ပွဲ 볶음밥 한 접시

ဗူး(ဘူး)[bu:] 박스, 통 — 예문 ဆေးလိပ်တစ်ဗူး 담배 한 갑

ယောက်[yauʔ] (일반적) 사람 — 예문 ကျောင်းသားတစ်ယောက် 학생 한 명

ရံ 또는 ရန်[yan] 짝, 벌 — 예문 ဖိနပ်တစ်ရံ 슬리퍼 한 벌

ရွက်[ywɛʔ] 장, 잎 — 예문 စက္ကူတစ်ရွက် 종이 한 장

လုံး[loun:] (둥근 모양) 개 — 예문 ကုလားထိုင်တစ်လုံး 의자 한 개

ဂီတာတစ်လုံး 기타 한 개

ထီးတစ်လုံး 우산 한 개

ဘီယာတစ်လုံး 맥주 한 병

ဘောလုံးတစ်လုံး 공 한 개

ပန်းသီးတစ်လုံး 사과 한 개

အိတ်တစ်လုံး 가방 한 개

ဦး[u:] (문어체, 사람) 분 **예문** အစိုးရအရာရှိနှစ်ဦး 공무원 두 분

3. 시간 읽기

နာရီ[nayi] 시

မိနစ်[mi.niʔ] 분

စက္ကန့်[sɛʔkan.] 초

နာရီဝက် 30분(1시간의 절반, 시간의 경과) = ခွဲ 30분(절반)

* တစ်ဝက် 절반

예문 8시 30분 ရှစ်နာရီခွဲ (○) ရှစ်နာရီဝက်(×)

စိတ် 25(시간에는 쓰지 않음)

* အစိတ် 1/4

예문

၁။ အခုဘယ်နှစ်နာရီထိုး(ရှိ)ပြီလဲ။ 지금 몇 시입니까?

၂။ ရှစ်နာရီဆယ့်ငါးမိနစ်ပါ။ 8시 5분입니다.

၃။ ရှစ်နာရီမိနစ်လေးဆယ်ပါ။ 8시 40분입니다.

၄။ ခုနစ်နာရီခွဲပါ။ 7시 반입니다.

၅။ ရှစ်နာရီထိုးဖို့သုံးမိနစ်လိုသေးတယ်။ 8시 3분 전입니다.

4. 하루의 구분

မနက်[mənɛʔ]	아침, 오전
မွန်းတည့်[mun:dɛ.]	정오
နေ့လည်[ne.lɛ]	낮, 점심
မွန်းလွဲ[mun:lwɛ:]	오후(1시-3시 정도)
ညနေ[nya.ne]	오후(4시-6시 정도)
ည[nya.]	저녁, 밤
ညသန်းခေါင်[nya.dhəgaun]	자정

* 통상 오후쯤, 오전쯤 등 정해진 시간이 아닌 경우에는 ပိုင်း 을 붙인다.

5. 계절의 구분

နွေဦးရာသီ[nweu:yadi]	봄
နွေရာသီ[nweyadi]	여름
ဆောင်းဦးရာသီ[hsaun:u:yadi]	가을
ဆောင်းရာသီ[hsaun:yadi]	겨울

* 우리나라와 달리 미얀마에는 신년(4월)을 기준으로 여름(4-6월), 우기(7-10월), 건기(11-3월) 등 세 계절로 나뉜다. 미얀마도 지구온난화의 영향으로 건기에도 비가 오는 일정치 않은 날씨가 계속되기도 한다.

နွေရာသီ	여름
မိုးရာသီ	우기
ဆောင်းရာသီ	건기

표현 따라하기

ဘာလိုချင်သလဲ။ 무엇이 필요합니까?
바 로징 더ㅡㄹ래:

ဘာဝယ်ချင်သလဲ။ 무엇을 살 것입니까?
바 왜 징더ㅡㄹ래:

ပန်းချီကားတစ်ချပ်ကြည့်ချင်တယ်။ 액자 하나 보고 싶습니다.
버지까: 떠챗? 찌. 진대

ဘောပင်ဆယ်ချောင်းပြပေးပါ။ 볼펜 열 자루를 보여주세요.
보:삔 새 차웅: 빠.뻬:바

ကြောင်နဲ့ခွေးတစ်ကောင်စီယူမယ်။ 고양이와 개 한 마리씩을 살 겁니다.
짜웅내. 퀘:더가웅시 유매

ဧည့်သည်ဟာဧည့်ခန်းမှာရှိတယ်။ 손님은 응접실에 있습니다.
애.대하 애.강:(흐)마 시.대

အဲဒီဆင်က အထီးလား၊ အမလား။ 저 코끼리는 수컷입니까? 암컷입니까?
애:디 신가. 어티:ㅡㄹ라: 어마.ㅡㄹ라:

အရင်က ပုဂံမှာဘုရားစုစုပေါင်းအဆူလေးသန်းရှိတယ်။
어잉가. 버강(흐)마 퍼야:수.주.바웅: 어수 레:당: 시.대
옛날 버강에는 불탑이 400만개 있었습니다.

စည်ဘီယာတစ်ဂျာဟာ ခွက်သုံးခွက်လောက်ထည့်နိုင်တယ်။
시비야 더자 하 퀫?뚱:퀫?라웃? 태.나잉대
생맥주 한 피쳐는 세 잔 정도 따를 수 있습니다.

ကားဂိတ်မှာ ဘတ်စကားရိုးရိုးတစ်စီးနဲ့အမြန်ဘတ်စကားလေးစီးရပ်နေတယ်။
까:게잇?(흐)마 밧?스까:요:요: 디지:네. 어먄 밧?스까: 레:지:앗?네대
터미널에는 일반 버스 1대와 고속버스 4대가 주차해 있습니다.

ကဗျာတစ်ပုဒ်မှာ အပိုဒ်တိုင်းလှတယ်။
거바 더뽀웃?(흐)마 어빠잇?따잉: (흘)라.대
시 한편의 소절마다 아름답습니다.

ကျွန်တော် မနက်ရှစ်နာရီမှာအိပ်ရာထတတ်တယ်။
쩌노 머넷?씻?나이 (흐)마 에잇?야타.땃?때
저는 아침 8시에 일어나곤 합니다.

ကျွန်တော် တနင်္ဂနွေနေ့မှာမွန်းတည့်အထိအိပ်တတ်တယ်။
쩌노 떠닝:거.붸네.(흐)마 뭉:대.어티. 에잇?땃?때

저는 일요일에 정오까지 자곤 합니다.

ကိုရီးယား ဆောင်းရာသီမှာနှင်းခဏခဏကျတယ်။
꼬리:야: 사웅:야디(흐)마 (흐)닝:커나.커나.짜.대

한국의 겨울에는 눈이 자주 옵니다.

မြန်မာရဲ့ မိုးရာသီကတော့ ဇွန်လမှာစတယ်။
먄마예. 모:야디가.도. 중라.(흐)마.싸.대

미얀마의 우기는 6월에 시작합니다.

4단계

문제 풀기

I. **다음 빈칸에 알맞은 단어를 넣어 완성시키시오.**

1. ဒီထဘီ______________ကိုယူပါ့မယ်။ (이 터메잉 한 벌을 사겠습니다.)
2. ပန်းသီး______________နဲ့ ခဲတံ______________ကိုပေးပါ။
   (사과 두 개와 연필 다섯 자루를 주세요.)
3. ကျွန်တော့်______________ဟာ______________ကိုမွေးတယ်။
   (나의 아버지는 소 다섯 마리를 사육하신다.)
4. __________နဲ့__________အတွက်______________ကိုဝယ်ပြီ။
   (형과 남동생을 위해 책 두 권을 샀습니다.)
5. ______________အရမ်းဈေးကြီးတယ်။ (택시비가 매우 비쌉니다.)
6. ______________ပြောင်းရတယ်။ (옛 것을 새 것으로 교체해야 합니다.)
7. မြန်မာမှာသဘာဝ______________နဲ့______________များများရှိတယ်။
   (미얀마에는 천연가스와 원유가 많습니다.)

8. ဘုန်းကြီးကျောင်းမှာ ဘုန်းကြီး______________၊ လူကြီး______________၊ ကျောင်းသား______________ရှိတယ်။

(사원에는 스님 네 분, 어르신 세 분, 학생 다섯 명이 있습니다.)

9. မြန်မာမှာ______________ရာသီဥတုသုံး______________ရှိတယ်။

(미얀마에는 여름, 우기, 건기 등 세 계절이 있습니다.)

10. ဆယ်______________မှာတွေ့ပြီး ကျောင်းကို______________သွားမယ်။

(10시 30분에 만나서 11시에 학교에 갈 겁니다.)

Ⅱ. 다음 빈 칸에 알맞은 단어 또는 표현을 쓰시오.

1. 명사류

파파야 한 개 ______________

택시비 3,500짯 ______________

대나무 다섯 그루 ဝါး______________

공부방 ______________

형제자매 ______________

2. 유별사

(명사) 개 (   )

가늘고 긴 물건 (   )

잔 (   )

(세트) 벌 (   )

(묶음, 덩어리) 개 (   )

짝, 벌 (   )

3. 기타

11시 7분 전 ______________________

오후 1시 25분 ______________________

오전 9시 30분 ______________________

오후 5시 55분 ______________________

Ⅲ. 다음 문장을 미얀마어로 작문하시오.

1. 어머니와 누나는 시장에 갔습니다.

____

2. 그런 종류의 책을 사고 싶습니다.

____

3. 내 방은 응접실 뒤편에 있습니다.

____

4. 나는 흰색과 검은색을 좋아합니다.

____

5. 쌀국수 한 그릇과 맥주 두 병 주세요.

____

6. 롱지 한 벌과 슬리퍼 한 벌을 샀습니다.

____

7. 그는 내게 편지 한 통을 보냈습니다.

____

8. 미얀마에서 4월은 여름이 시작되는 계절입니다.

____

9. 1988년 8월 8일, 오전 8시 8분에 민주화운동이 있었습니다.

____

*민주화운동 ဒီမိုကရေစီရှာပုံတော်၊ ဒီမိုကရေစီလှုပ်ရှားမှု

10. 정오 6분 전에 나는 그를 만났습니다.

____

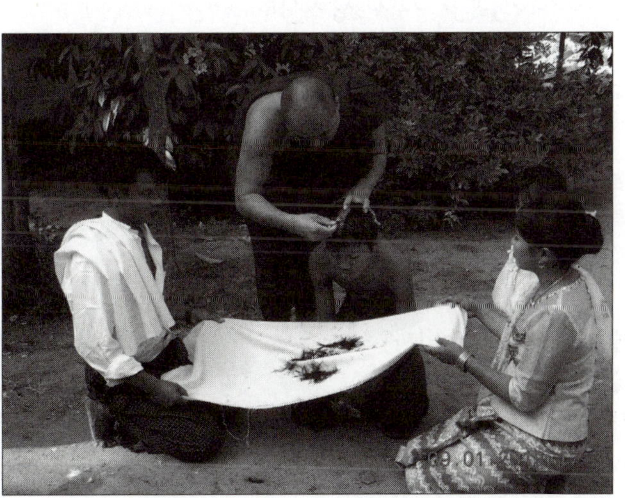

သင်ခန်းစာ(၆)

ရာသီဥတုဘယ်လိုလဲ။

ဒီနေ့ရာသီဥတုဘယ်လိုလဲ။
디네. 야디우.두. 배ㅡㄹ로래:

ကနေ့ တော်တော်သာယာတယ်။
거네. 또도 따야 대

ရာသီဥတုမမှန်ဘူး။ သိပ်ဖေါက်ပြန်တာပဲ။
야디우.두.머(흐)망부: 떼잇?파웃?빵다배:

မိုးလေဝသဌာနက မိုးရွာမယ်လို့ကြေညာတယ်။
모:ㅡㄹ레와.따.타나.가. 모:유아매ㅡㄹ로. 쩨냐대

ဒါပေမဲ့နှင်းကျမယ်လို့ထင်တယ်။
다베매. (흐)닝:짜.매ㅡㄹ로. 틴대

မိုးအုံ့နေတယ်။ မိုးတိမ်များလာတယ်။
모:옹. 네대 모:데잉먀:라대

မိုးသဲသဲမဲမဲရွာပြီး တိတ်သွားပြီ။
모:때:대:매:매:유아비: 떼잇?뚜:비

မနေ့ကတော့ လေပြင်းပြင်းထန်ထန်တိုက်တယ်။
머네.가.도. 레 삔:삔:탄단 따잇?때

မနက်ဖြန်မိုးလေဝသကောင်းပေမဲ့ နည်းနည်းချမ်းမယ်။
머넷?퍙 모ㅡㄹ:레와.따. 까웅:베매. 내:ㅡㄴ내: 찬:매

오늘 날씨는 어떻습니까?
오늘 매우 화창합니다.
날씨가 일정치 않습니다. 매우 자주 바뀝니다.
기상청에서 비가 올 것으로 예보했습니다.
그러나 눈이 올 것 같습니다.
날씨가 흐립니다. 구름이 많아집니다.
비가 엄청 온 뒤 그쳤습니다.
어제는 바람이 심하게 불었습니다.
내일 날씨는 좋겠지만 약간 쌀쌀할 것입니다.

단어와 숙어 익히기

※ 동사에는 종조사 တယ်။가 붙는다.

ရာသီဥတု	기후, 날씨
တော်တော်	꽤, 상당히
သာယာတယ်။	화창하다. 평화롭다.
မှန်တယ်။	정확한, 일정하다, 거울
ဖောက်ပြန်တယ်။	(마음, 날씨) 변덕스럽다.
မိုးလေဝသ	날씨
ဌာန	부서, 과(果)
မိုးရွာတယ်။	비오다.
ကြေညာတယ်။	선언하다, 공고하다
ဒါပေမဲ့ = ဒါပေမယ့်	그러나, 하지만
နှင်းကျတယ်။	눈 오다
ထင်တယ်။	생각하다, 판단하다
မိုးအုံ့တယ်။	(날, 날씨) 흐리다
မိုးတိမ်	구름
မဲ 또는 မည်း	(새깔) 검은
သဲသဲမဲမဲ = သဲကြီးမဲကြီး	집중적으로
တော့	(내비, 깅조) ~은
မိုးတိတ်တယ်။	비가 그치다.
လေတိုက်တယ်။	바람이 불다.
ပြင်းပြင်းထန်ထန်	거칠게
နည်းနည်း	약간, 조금

ချမ်းတယ်။	서늘하다.
မိုးကြိုးပစ်တယ်။ မိုးခြိမ်းတယ်။	천둥치다.
မိုးချုပ်တယ်။	어두워지다.
မိုးစွေတယ်။	끊임없이 비가 오다.
မိုးစဲတယ်။	비가 가늘어 지다.
မိုးနှင်း	짓눈깨비
မိုးပြေး	소나기
မိုးဖွဲ	가랑비
မိုးရေ	지나가는 비
မိုးသီးကျတယ်။	우박 내리다.
မိုးသက်မုန်တိုင်း	폭풍우
လျှပ်စီးလက်တယ်။	번개 치다.

2단계

문법 따라잡기

1. 복합명사

복합명사는 동사와 결합하는 경우, 명사가 연속으로 결합하는 경우, 유사한 뜻의 명사가 연속으로 결합하는 경우(문어체에 자주 사용), 동사와 명사가 결합하여 명사가 된 경우, 명사화 접미사를 붙여 동사를 명사화하는 경우 등으로 나눠진다.

가. အ+명사의 주의할 형태

다음의 단어들은 전치하는 အ와 후치하는 단어가 분리될 경우 그 뜻이 명확하지 않다. 주의할 것.

အကျိုး[əkyou:] 이익, 이득

အကုန်[əkoun] 전체

အဆင်[əhsin] 무늬

အဆိပ်[əhseiʔ] 독(毒)

အတိတ်[əteiʔ] 과거

အနာဂါတ်[ənagaʔ] 미래

အမှိုက်[əhmaiʔ] 쓰레기

အမွေး[əmwe:] 털

나. အ+동사의 형태로 명사화되는 경우

동사하는 것, 또는 동사인 것으로 해석됨.

အကြော်[əkyɔ] 튀김 → အ + ကြော် (튀기다)

예문 ဘူးသီးကြော်[bu:dhi:kyɔ] 호박튀김

အခွင့်[əhkwin.] 허가 → / အ + ခွင့် (허가하다)

예문 ဝင်ခွင့်[wingwin.] 입허가

အရိပ်[əyeiʔ] 그늘, 그림자 → အ + ရိပ်တယ်(그늘지다)

အရှက်[əshɛʔ] 부끄럼 → အ + ရှက်တယ်(부끄러워하다)

အသုံး[əthoun:] 사용 → အ + သုံးတယ်(쓰다, 사용하다)

다. 2음절 이상의 동사(형용사)의 양음절에 접두사 အ가 붙는 경우

အကူအညီ[əkuənyi] 도움 → အ + ကူညီတယ် (돕다)

အခက်အခဲ[əhkɛʔəhkɛ:] 곤경, 어려움 → အ + ခက်ခဲ(어려운, 곤경에 처한)

အချုပ်အနှောင်[əchouʔəhnaun] 구금, 감금 → အ + ချုပ်နှောင်တယ်(구금하다, 감금하다)

အခြင်းအရာ[əchin:əya] 상황, 사건 → အ + ခြင်းရာ(상황, 사건)

အခွဲအစိတ်[əhkwɛ:əseiʔ] 분배, 수술 → အ + ခွဲစိတ်တယ်(분배하다, 수술하다)

အစီအစဉ်[əsiəsin] 계획 → အ + စီစဉ်တယ်(계획하다)

အစည်းအဝေး[əsi:əwe:] 회의, 미팅 → အ + စည်းဝေးတယ်(회의하다)

အစစ်အဆေး[əsiʔəhse:] 검사, 조사 → အ + စစ်ဆေးတယ်(조사하다)

အနှောင့်အယှက်[əhnaun.əshɛʔ] 방해, 훼방 → အ + နှောင့်ယှက်တယ်(방해하다, 훼방놓다)

အလုပ်အကိုင်[əlouʔəkain] 직업 → အ + လုပ်ကိုင်တယ်(일하다)

|주의해야 할 단어|

အခမ်းအနား[əhkan:əna:] 행사, 의식 → ခမ်းနား(장엄한)

라. 2음절 이상의 명사(형용사)의 양음절에 접두사 အ가 붙지만 다른 의미의 명사인 경우

အခွင့်အရေး[əhkwin.əye:] 기회 → အခွင့်(기회, 허가) + အရေး(점, 사항)

အထောက်အထား[əhtauʔəhta:] 증거 → အထောက်(지원, 지지) + အထား(놓기)

အပူအပင်[əpuəpin] 걱정 → အပူ(열(熱)) + အပင်(피로, 힘든 것)

အလားအလာ[əla:əla] 미래 → အလား(모양, 양태) + အလာ(도래)

|주의해야 할 단어|

အဆောက်အအုံ[əhsauʔəoun] 건물 → အဆောက်(연장의 손잡이) + အအုံ(건물)

အရေအတွက်[əyeətwɛʔ] 양, 수 → အရေ(피부) + အတွက်(계산)

마. 명사와 동사 등 다음절의 단어들이 합쳐져 명사가 되는 경우

ကုန်တိုက်[koundaiʔ] 백화점 → ကုန်(상품) + တိုက်(건물)

ကုန်ကြမ်း[koungy(j)an:] 원료, 원자재 → ကုန်(상품) + ကြမ်း(거친, 원래의)

ကြက်ခြေနီ[kyɛʔche(i)ni] 적십자 → ကြက်(닭) + ခြေ(발) + နီ(빨간)

ကြေးအိုး[kye:ou:] 동항아리, 음식이름 → ကြေး(동) + အိုး(항아리)

ကျောက်စာ[kyauʔsa] 비문(碑文) → ကျောက်(돌, 암석) + စာ(글, 문자)

ကျောက်စိမ်း[kyauʔsein:] 옥(玉), 비취 → ကျောက်(돌, 암석) + စိမ်း(녹색의)

ခြင်ဆေး[chinhse:] 모기약 → ခြင်(모기) + ဆေး(약)

ခြင်ထောင်[chindaun] 모기장 → ခြင်(모기) + ထောင်(감옥, 가두다)

စာအိတ်[saeiʔ] 봉투 → စာ(글씨, 문자) + အိတ်(주머니, 가방)

ဆန်ပြုတ်[hsanpyouʔ] 죽(粥) → ဆန်(탈곡된 쌀) + ပြုတ်တယ်(끓이다)

ဒဏ်ငွေ[danŋwe] 벌금 → ဒဏ်(벌) + ငွေ(돈)

ဓာတ်လှေကား[daʔhleka:] 엘리베이터 → ဓာတ်(전기, 동력) + လှေကား(계단)

ထွက်ပေါက် [htwɛʔpauʔ] 출구 → ထွက်တယ်(나가다, 출발하다) + ပေါက်(뚫리다, 빠져나가다)

တိုက်ခန်း [taiʔhkan:] 아파트 → တိုက်(건물) + ခန်း(방)

ပန်းခြံ [pan:gy(j)an] 공원 → ပန်း(꽃) + ခြံ(정원)

မီးခြစ်[mi:chiʔ] 성냥 → မီး(불) + ခြစ်တယ်(긁다, 문지르다)

မီးပူ[mi:bu] 다리미 → မီး(불) + ပူတယ်(뜨거운, 뜨겁다)

ရေနွေး[yenwe:] 온수(溫水) → ရေ(물) + နွေး(따뜻한)

ရေခဲမုန့်[yegɛ:moun.] 아이스크림 → ရေခဲ(얼음) + မုန့်(과자)

ရွှေတံဆိပ်[shwedəzeiʔ] 금메달 → ရွှေ(황금) + တံဆိပ်(메달, 표식, 딱지)

လက်ပတ်နာရီ [lɛʔpaʔnayi] 손목시계 → လက်(손) + ပတ်(둘러싸다) + နာရီ(시계)

သူနာပြု [thənabyu.] 간호사 → သူနာ(환자) + + ပြု(돌보다, 행하다)

သွားကြားထိုးတံ[thwa:gy(j)a:htou:dan] 이쑤시개 → သွား(치아) + ကြား(사이, 틈) + ထိုး(찌르다) + တံ(막대기)

바. 유사한 의미의 명사가 결합한 경우(문어체에 자주 사용)

ကောင်းချီး[kaun:chi:] 축복, 찬성 → ကောင်းတယ်(좋다. 좋은) + ချီးကျူးတယ်(칭찬하다)

ကိန်းဂဏန်း[kein:gənan:] 숫자 → ကိန်း(수) + ဂဏန်း(수)

ကုန်ဈေးနှုန်း[kounze:hnoun:] 가격 → ကုန်(상품) + ဈေးနှုန်း(가격)

ခန်းမ[hkan:ma.] 홀, 회관 → အခန်း(방) + မ(큰, 핵심의)

ထိုင်ခုံ[htaingoun] 의자 → ကုလားထိုင်(의자) + ခုံ(의자)

မိဘ[mi.ba.] 부모 → အမိ(어머니) + အဘ(아버지)

လင်မယား[linməya:] 부부 → လင်(남편) + မယား(부인)

လယ်ယာ[lɛya] 전답(田畓) → လယ်(논) + ယာ(밭)

သားသမီး[tha:dhəmi:] 자제 → သား(아들) + သမီး(딸)

အခြေအနေ[əcheəne] 상황 → အခြေ(기초) + အနေ(상황)

အစားအစာ[əsa:əsa] 음식 → အစား(먹을 것, 음식) + အစာ(음식)

အလယ်အလတ်[əlɛəlaʔ] 중급, 중간 → အလယ်(중간, 가운데) + အလတ်(중간 크기)

အသက်အရွယ်[əthɛʔəywɛ] 연령, 나이 → အသက်(연령, 숨) + အရွယ်(연령)

အသစ်အဆန်း[əthiʔəhsan:] 새로움, 신기함 → အသစ်(새로운 것) + အဆန်း(비범한 것)

2. 분수(အပိုင်းဂဏန်း)와 소수(ဒသမကိန်း)

서수1 ပုံ 서수2 ပုံ	서수 1/2	예문 သုံးပုံတစ်ပုံ 1/3
		예문 တစ်ဝက် 1/2
		예문 တစ်စိတ် 1/4
서수 ဆ 서수 ~배		예문 နှစ်ဆ 2배
서수 ဒသမ 서수(한 자리씩)서수+소수점		예문 နှစ်ဒသမလေးငါးရှစ် 2.458

3. 길이(အရှည်), 무게(အလေးချိန်), 거리(အကွာအဝေး): 미얀마의 단위는 영국식임.

မိုင်	마일
ကီလိုမီတာ	킬로미터
မီတာ	미터
စင်တီမီတာ	센티미터
ပေ	피트
လက်မ	인치(엄지손가락 길이)
တောင်	약 18인치(팔뚝 길이)
ထွာ	약 9인치(한 뼘 길이)
ပေါင်	파운드
ပိဿာ[beiʔtha]	viss(약 1.65kg)
ဂရမ်	그램
ဧက[ɛka.]	에이커

3단계

표현 따라하기

ကျွန်တော် မုန့်အကုန်စားပြီးပြီ။
쩌노 몽. 어꽁 싸:삐:비
나는 과자를 모두 먹었습니다.

အတိတ်နဲ့ အနာဂါတ်ကြားဟာ ပစ္စုပ္ပန်ပါ။
어떼잇?내. 어나갓? 짜:하 뺏?소옷?빵바
과거와 미래 사이는 현재이다.

အစည်းအဝေးမှာ လေယာဉ်ပျံတစ်စင်းကိုစစ်ဆေးဖို့ဆုံးဖြတ်တယ်။
어시:어웨:(흐)마 레인뱡 더진:고 씻?세:보. 송:퍗?때
회의에서 비행기 한 대를 조사하기로 결정했습니다.

ဆူလေးဘုရားအနားမှာဗန္ဓုလပန်းခြံရှိသလား။
수ㅡㄹ레:퍼야:　어나:(흐)마　반두ㅡㄹ라.빵:장 시.더ㅡㄹ라:
술레파고다 근처에 반둘라공원이 있습니까?

ရေနွေးသောက်ပြီးထမင်းကြော်စားပါဦး။
예눼:따웃?삐:　터민:조 싸:　바옹:
온수를 마신 뒤 볶음밥을 드세요.

တပ်မတော်ခန်းမမှာကျောက်စိမ်းပြပွဲကျင်းပမယ်။
땃?마.도　칸:마.(흐)마 짜웃?쎄잉:빠.뵈:　찐:빠.매
군인회관에서 옥박람회가 개최될 겁니다.

ကျွန်တော့်လခ ခင်ဗျားလခရဲ့လေးပုံတစ်ပုံပဲ။
쪄노.라.가.　커먀:라.가.예.　레:봉더봉배:
제 월급은 당신 월급의 1/4밖에 되지 않습니다.

ဒီစာအုပ်က ဟိုစာအုပ်ထက် နှစ်ဆထူတယ်။
디싸오웃?까.　호싸오웃?텟?　(흐)넛?싸.투대
이 책은 저 책보다 두 배 두껍습니다.

တစ်မိုင်ဆိုတာ တစ်ဒသမခြောက်ကီလိုမီတာနဲ့တူတယ်။
떠마잉소다　띳?다ㅡㅅ.떠.마.차웃?　끼로.미따　내.뚜대
1마일은 1.6km와 같습니다

4단계

문제 풀기

Ⅰ. 다음 빈칸에 알맞은 단어를 넣어 완성시키시오.

1. ဒီနေ့ရာသီဥတု________________။ (오늘 날씨는 어떻습니까?)
2. ဒီနေ့________________ပြီး နက်ဖြန်________________မယ်။
(오늘은 비가 오고 내일은 눈이 올 예정입니다.)
3. မိုးကြိုး________________ပြီးလျှပ်စီး________________နေတယ်။
(천둥과 번개가 칩니다.)

4. ______________အများကြီးစားရင် ဗိုက်နာတယ်။
(아이스크림을 많이 먹으면 배가 아프다.)

5. ______________ဘယ်______________ယောက်ရှိသလဲ။
(자제는 몇 명 있습니까?)

6. ကွမ်းတံးထွေးထွေးရင်______________ကိုပေးရတယ်။
(꿍을 뱉으면 벌금 5천 짯을 내야합니다.)

7. အခု______________ကတော့ သိပ်ကောင်းလိုက်တာ။
(지금 상황이 매우 좋습니다.)

8. မြန်မာအများစုဟာ______________စိုက်ပျိုးတယ်။
(대부분의 미얀마 사람들은 전답에서 농사를 짓습니다.)

9. တစ်ရာဟာ______________ရဲ့______________ပါ။
(100은 25의 4배이다.)

10. တစ်______________ဟာ______________နဲ့တူတယ်။
(1 베잇따는 1.65kg과 비슷하다.)

Ⅱ. 다음 명사들을 원형에 따라 분리하고, 그 뜻을 적으시오.

အကျိုး ______________

အနာဂါတ် ______________

အရိပ် ______________

အချုပ်အနှောင် ______________

အစီအစဉ် ______________

အခွင့်အရေး ______________

ကုန်ကြမ်း ______________

ခြင်ဆေး ____________________

မီးပူ ____________________

ရွှေဆိုင် ____________________

လင်မယား ____________________

အလယ်အလတ် ____________________

အိမ်ထောင် ____________________

Ⅲ. 다음 문장을 미얀마어로 작문하시오.

1. 오늘 날씨는 무척 변덕스럽습니다.

____

2. 내일은 눈이 오고 매우 추울 예정입니다.

____

3. 모기가 물어서 모기장을 쳤습니다.

____

4. 12월에는 무슨 계획이 있습니까?

____

5. 도와주는 것은 좋지만 방해하지 마세요.

____

6. 나의 미래를 알고 싶습니다.

____

7. 닭죽을 두 그릇 먹었습니다.

____

8. 입구는 이쪽, 출구는 저쪽입니다.

____

9. 미얀마는 한국보다 6배 큽니다.

____

*(규모) 크다 ကျယ်ပြန့်တယ်။

10. 밍글라동 공항에서 시내까지의 거리는 10마일입니다.

____

*밍글라동 မင်္ဂလာဒုံ

သင်ခန်းစာ(၇)
စားသောက်ဆိုင်သွားမလို့လား။

 ※ 괄호 속 표현은 존칭의 의미로 생략가능

ကိုဝင်းထက်နိုင်၊ စားသောက်ဆိုင်သွားမလို့လား။
꼬윈:텟?나잉 싸:따웃?사잉 따:머—ㄹ로.—ㄹ라:

ဟုတ်ကဲ့ မြန်မာအစားအစာကိုစားချင်တယ်။
호웃?깨. 먄마 어싸:어사고 싸:진대

ကျွန်တော်တို့မှာမယ်။ မီနူးပေးပါ။
쩌노도. (흐)마매 미뉴:뻬:바

စားစရာများတယ်နော်။ ခင်ဗျားအရသာချိုတာကြိုက်လား။
싸:저야 먀:대노 커먀: 어야.다 초다 짜잇?라:

မကြိုက်ဘူး။ ဆီများများထည့်တာလဲကျန်းမာရေးအတွက်မကောင်းဘူးဗျာ။
머짜잇?푸: 시 먀:먀: 태. 다—ㄹ래: 짠:마예:어뜃? 머까웅:부:뱌

ဒါဆိုရင် ပြည်လုံးချမ်းသာနဲ့ မှိုကန်စွန်းရွက်တစ်ပွဲစီ၊ ထမင်းဖြူနှစ်ပွဲမှာမယ်။
다소잉 삐롱:찬:다 내.(흐)모.거숭:유엣? 더봬:시 터민:뷰 (흐)너봬:(흐)마매

ညီလေး၊ ကျွန်တော်မှာတာအားလုံးနားလည်ပြီလား။
니—ㄹ레: 쩌노 (흐)마다 아:—ㄹ롱: 나:—ㄹ래 비—ㄹ라:

ဟုတ်တာပေါ့၊ နားလည်ပါပြီ။
호웃?따뽀. 나:—ㄹ래 바비

원텟나잉씨, 식당에 가겠습니까?
네. 미얀마 음식을 먹고 싶습니다.
저희들 주문하겠습니다. 메뉴 주세요.
먹을 것이 많군요. 당신은 맛이 단 것을 좋아합니까?
좋아하지 않습니다. 기름이 많이 들어간 것도 건강에는 좋지 않습니다.
그렇다면 전가복과 버섯고구마줄기요리 한 접시씩과 흰밥 두 접시를 주문하겠습니다.
우리가 주문한 것을 모두 이해했습니까?
네, 그럼 말고요. 이해했습니다.

단어와 숙어 익히기

※ 동사에는 종조사 တယ်။가 붙는다.

ဟုတ်ကဲ့။ (긍정) 네, 그렇다
မှာတယ်။ 주문하다
မီနူး 메뉴
အရသာ 맛
ချိုတယ်။ 달다
ဆီ 기름, 식용유
ထည့်တယ်။ 넣다, 삽입하다, 붓다
အတွက် ~ 위해
မှို 버섯
ကန်စွန်းရွက် 고구마 줄기
ကန်စွန်ဥ[gəzun:oo] 고구마
ထမင်းဖြူ 흰 밥
~တာပေါ့ (강한 긍정) ~하다마다

|맛의 표현|

ချိုတယ်။ 달다
ချိုမြိန်တယ်။ 달콤하다
ခါးတယ်။ 쓰다
စပ်တယ်။ 맵다
ငန်တယ်။ 짜다
ပေါ့တယ်။ 싱겁다
ချဉ်တယ်။ 시다
ဖန်တယ်။ 떫다
ဆိမ့်တယ်။ 고소하다
မြည်းကြည့်တယ်။ 간(맛)을 보다
အရသာအတော်ပဲ။ 간이 맞다
အရသာပေါ့တယ်။ 간이 싱겁다
အရသာငန်တယ်။ 간이 짜다

문법 따라잡기

이번 과에서는 복합명사의 종류 중 마지막으로 동사(형용사)에 명사화 접미사를 붙여 명사화하는 경우와 명사구 및 명사절에 대해 배워본다.

1. 명사화 접미사

가. ~ချက်

အချက်(점, 중점, 요점)에서 파생된 접미사로 사고, 인식 등을 의미한다.

၁။ ကြော်ညာချက်[kyɔnyachɛʔ] 광고, 선전 → ကြော်ညာတယ်(알리다, 홍보하다) + အချက်(점)

၂။ စီရင်ချက်[siyinchɛʔ] (법)판결 → စီရင်တယ်(판결하다) + အချက်(점)

၃။ ဆုံးဖြတ်ချက်[hsoun:hpyaʔchɛʔ] 결정 → ဆုံးဖြတ်တယ်(결정하다) + အချက်(점)

၄။ တောင်းဆိုချက်[taun:hsouchɛʔ] 요구, 부탁 → တောင်းဆိုတယ်(요구하다, 부탁하다) + အချက်(점)

၅။ ထူးခြားချက်[htu:gya:chɛʔ] 특이점 → ထူးခြားတယ်(특이, 생소하다) + အချက်(점)

၆။ ပြောဆိုချက်[pyɔ:hsouchɛʔ] 언급 → ပြောဆိုတယ်(말하다) + အချက်(점)

၇။ ရည်မှန်းချက်[yihman:chɛʔ] 희망, 소망 → ရည်မှန်းတယ်(희망, 소망하다) + အချက်(점)

၈။ ရည်ရွယ်ချက်[yiywɛchɛʔ] 목적 → ရည်ရွယ်တယ်(목적하다) + အချက်(점)

၉။ လိုအပ်ချက်[louaʔchɛʔ] 요구사항 → လိုအပ်တယ်(필요, 요구하다) + အချက်(점)

나. ~ခြင်း

အခြင်း(사건)에서 파생된 접미사로 개별적이고 구체적 사건을 의미하지만, '~것' 등으로 구나 절을 명사화하는 역할도 한다.

၁။ ကြောက်ရွံ့ခြင်း[kyauʔyun.gy(j)in:] 두려움, 공포 → ကြောက်ရွံ့တယ်(두려워하다) + အခြင်း(점)

၂။ စားသောက်ခြင်း[sa:thauʔchin:] 취식 → စားတယ်(먹다) + သောက်တယ်(마시다) + အခြင်း(점)

၃။ သွားလာခြင်း[thwa:lagy(j)in:] 왕래 → သွားတယ်(가다) + လာတယ်(오다) + အခြင်း(점)

၄။ အရက်သောက်ခြင်း[əyɛʔthauʔchin:] 음주 → အရက်သောက်တယ်(술마시다) + အခြင်း(점)

다. ~စရာ

동사를 형용사화는 기능, 즉 '~하는 것, ~하는 행위'로 명사구를 만든다.

၁။ စားစရာ[sa:zəya] 먹을 것 → စားတယ်(먹다) + စရာ(~하는 일)

၂။ ပြောစရာ[pyɔ:zəya] 할 말 → ပြောတယ်(말하다) + စရာ(~하는 일)

၃။ လုပ်စရာ[louʔsəya] 할 일(것) → လုပ်တယ်(일하다) + စရာ(~하는 일)

၄။ သွားစရာ[thwa:zəya] 갈 일 → သွားတယ်(가다) + စရာ(~하는 일)

※ စရာ의 다른 용법: 동사 + စရာ ကောင်းတယ်။ (대단히 ~(동사) 하다.)

예문

၁။ ဒီကလေးဟာ ချစ်စရာကောင်းတယ်။ 이 아이는 대단히 귀엽다.

၂။ ဒီကလေးဟာ သနားစရာကောင်းတယ်။ 이 아이는 대단히 연민스럽다.

၃။ ဒီသတင်းကတော့ အံ့သြစရာကောင်းတယ်။ 이 소식은 대단히 놀랍다.

라. ~ပုံ

동사의 모양이나 모습을 나타내는 표현으로 양태, 형태를 의미한다.

၁။ စားပုံ[sa:boun] 먹는 모양 → စားတယ်(먹다) + ပုံ(모습)

၂။ နေပုံထိုင်ပုံ[nebounhtainboun] 생활양식 → နေထိုင်တယ်(살다, 거주하다) + ပုံ(모습)

၃။ ပျော်ပုံ[byɔboun] 즐거운 모양 → ပျော်တယ်(즐거운, 즐겁다) + ပုံ(모습)

마. ~မှု

အမှု(사건, 행위)에서 파생된 접미사로 중요하게 여길 만한 행위와 사건 등을 의미한다.

၁။ ကောင်းမှု[kaun:hmu.] 공덕, 기부 → ကောင်းတယ်(좋다) + အမှု(행위)

၂။ တောင်းပန်မှု[taun:banhmu.] 사과(謝過) → တောင်းပန်တယ်(사과하다) + အမှု(행위)

၃။ ဓားပြမှု[dəbyahmu.] 강도(짓) → ဓားပြတယ်(강도짓하다) + အမှု(행위)

၄။ နားလည်မှု[na:lɛhmu.] 이해 → နားလည်တယ်(이해하다) + အမှု(행위)

၅။ ယဉ်ကျေးမှု[yinkye:hmu.] 문화 → ယဉ်ကျေး(우아한) + အမှု(행위)

၆။ လှုပ်ရှားမှု[hlouʔsha:hmu.] 운동 → လှုပ်ရှားတယ်(모색하다) + အမှု(행위)

바. ~ရေး

အရေး(사항, 점)에서 파생된 접미사로 흔적이 남는 기록, 요건, 문제 등을 의미한다.

၁။ ကျန်းမာရေး[kyan:maye:] 건강 → ကျန်းမာ(건강한) + အရေး(사항)

၂။ ချစ်ကြည်ရေး[chiʔkyiye:] 우호 → ချစ်ကြည်(친밀한) + အရေး(사항)

၃။ စားဝတ်နေရေး[sa:wuʔneye:] 의식주 → စားဝတ်နေတယ်(생계를 유지하다) + အရေး(사항)

၄။ စီးပွားရေး[si:bwa:ye:] 경제 → စီးပွား(번영) + အရေး(사항)

၅။ စိုက်ပျိုးရေး[saiʔpyou:ye:] 농업, 경작 → စိုက်ပျိုးတယ်(경작하다) + အရေး(사항)

၆။ ဆောက်လုပ်ရေး[hsauʔlouʔye:] 건설 → ဆောက်လုပ်တယ်(건설하다) + အရေး(사항)

၇။ နိုင်ငံရေး[nainanye:] 정치 → နိုင်ငံ(국가) + အရေး(사항)

၈။ နိုင်ငံခြားရေး[nainangy(j)a:ye:] 외교 → နိုင်ငံခြား(외국의) + အရေး(사항)

၉။ ပညာရေး[pyinnyaye:] 교육 → ပညာ(학문, 지식) + အရေး(사항)

※ 다음의 단어들은 명사화 접미사를 혼용해서 쓰기도 한다.

- ခံစားချက်[hkanza:chɛʔ] 경험, 느낌 → ခံစားတယ်(경험하다) + အချက်(점)
- ခံစားမှု[hkanza:mhu.] 경험, 느낌 → ခံစားတယ်(경험하다) + အမှု(점)

- ဆက်ဆံမှု[hsɛʔhsanmhu.] 관계 → ဆက်ဆံတယ်(관계하다) + အမှု(행위)
- ဆက်ဆံရေး[hsɛʔhsanye:] 관계 → ဆက်ဆံတယ်(관계하다) + အရေး(사항)

- အုပ်ချုပ်မှု[ouʔchouʔmhu.] 통치 → အုပ်ချုပ်တယ်(통치하다) + အမှု(행위)
- အုပ်ချုပ်ရေး[ouʔchouʔye:] 통치 → အုပ်ချုပ်တယ်(통치하다) + အရေး(사항)

- စစ်ဆေးမှု[siʔhse:mhu.] 검사, 조사 → စစ်ဆေးတယ်(검사, 조사하다) + အမှု(행위)
- စစ်ဆေးရေး[siʔhse:ye:] 검사, 조사 → စစ်ဆေးတယ်(검사, 조사하다) + အရေး(사항)

사. ~ရာ

အရာ(흔적, 인상, 물체, 일, 점)에서 파생된 접미사로 주로 장소와 관련된다.

၁။ ကြိုက်ရာ[kyaiʔya] 좋아하는 곳 → ကြိုက်တယ်(좋아하다) + အရာ(장소) = ကြိုက်တဲ့နေရာ

၂။ ခြေရာ[che(i)ya] 발자취 → ခြေ(발(足)) + အရာ(흔적)

၃။ ဆိုင်ရာ[hsainya] 관계되는 곳 → ဆိုင်တယ်(관계하다) + အရာ(장소)

예문 အပြည်ပြည်ဆိုင်ရာလေဆိပ် 국제공항

၄။ နေရာ[neya] 장소 → နေတယ်(살다, 거주하다) + အရာ(장소)

2. 명사구와 명사절

주어와 동사의 유무에 따라 구와 절로 나눠지며, 문장의 위치에는 구와 절의 성격에 따라 주어 및 목적어 등 다양하게 활용된다.

가. ~တာ

종조사 တယ်가 명사화한 것으로 '~것, ~하기'의 의미이다. 동사의 경우 특별한 명사화 접미사가 없을 경우 တာ를 붙여 명사화시키기도 한다.

၁။ ကျွန်တော်မှာတာ အားလုံးနားလည်ပြီလား။
내가 주문한 것을 모두 이해했습니까?

၂။ ဒီမှာစောင့်တာ အကြာကြီးပဲ။ 여기서 기다린 것이 무척 오래됐습니다.

၃။ အဆင်ပြေတာ လုံးဝမရှိဘူး။ 편한 것이라곤 아무 것도 없습니다.

나. ~မှာ

종조사 မယ်가 명사화한 것으로 미래 또는 추측의 '~것, ~하기'의 의미이다. 처소격 조사 မှာ가 아님.

၁။ ကျွန်တော်မိန့်ခွန်းပြောမှာ နားထောင်ပါ။
내가 연설하려는 것을 잘 들으세요.

၂။ လုပ်ရမှာ သိပ်များတယ်။ 일할 것이 무척 많습니다.

다. 동사 + မှန်း

명확한 사실로 받아지는 일이나 사건의 경우에 이 종조사를 쓴다. 따라서 မှန်း 뒤에는 항상 '알다', 또는 '모르다'의 의미인 သိ၊ မသိ를 쓴다. 동사의 뜻은 '추측하다'임.

၁။ သူခရီးသွားမှန်းသိတယ်။ 그가 여행간 것을 명확히 알고 있습니다.

၂။ လေးနာရီမှာသူနဲ့ချိန်ထားမှန်းမသိဘူး။ 4시에 그와 약속한 것을 몰랐습니다.

၃။ ဆရာတော် တရားဟောမှန်းသိတယ်။ 큰스님이 설법하는 것을 알았습니다.

3. 방향(ဦးတည်ရာ)

အရှေ့(ဘက်)	동(쪽)
အနောက်(ဘက်)	서(쪽)
တောင်(ဘက်)	남(쪽)
မြောက်(ဘက်)	북(쪽)
အရပ်လေးမျက်နှာ	사방
အပေါ်	위
အောက်	아래
ရှေ့	앞(前)

နောက်	뒤(後), 이후
အပြင်	밖
အတွင်း	안
ဘေး	옆
နံဘေး	곁
ဘယ်ဘက်	왼쪽
* ဘယ်သန်[bɛdhan]	왼손잡이
* လက်ဝဲ[lɛʔwɛ:]	좌파
ညာဘက်	오른쪽
* ညာသန်[nyadhan]	오른손잡이
* လက်ယာ[lɛʔya]	우파
အကြား=အလယ်	가운데
ဆန့်ကျင်ဘက်	반대편
မျက်နှာချင်းဆိုင်	붙은 편
ဒေါင့်	구석
တည့်တည့်	똑바로, 정면으로
명사+ဆီ	가 있는 곳, 장소

예문

ကျွန်တော် ဆရာဆီကို လာမယ်။ (○) 제가 선생님 계신 곳에 가겠습니다.

ကျွန်တော် ဆရာကို သွားမယ်။ (×)

표현 따라하기

စားသောက်ဆိုင်က ဟိုအဆောက်အအုံရှေ့ဘက်မှာရှိတယ်။
싸:따웃?사잉가. 호 어싸웃?어옹 세.벳?(흐)마 시.대

식당은 저 건물 앞에 있습니다.

ဝက်ချိုချဉ်နဲ့ကြက်ချဉ်စပ်တစ်ပွဲစီမှာတယ်။
웻?초친 내. 쩻? 친쌋? 더봬:시 (흐)마대

돼지요리와 닭요리를 한 접시씩 주문했습니다.

စားစရာများတယ်။ အရသာစပ်တာမကြိုက်ဘူး။
싸:저야 먀:대 어야.다 쌋?따 머짜잇?푸:

먹을 것이 많습니다. 매운 것을 좋아하지 않습니다.

ပဲဆီများများပါတဲ့အသားဟင်းမမှာပါနဲ့။
빼:시 먀:먀: 빠대. 어따:힝: 머(흐)마바내.

식용유가 많이 들어간 고기반찬을 주문하지 마세요.

ထမင်းပေါင်း၊ ထမင်းသုပ်၊ ချဉ်ပတ်(ဂင်(မ်)ချီ)စသဖြင့် မှာမယ်။
터민:바웅: 터민:또웃? 친밧?(긴ㅡㅁㅡ치) 싸.더퓐. (흐)마매

덮밥, 비빔밥, 김치 등을 주문할 겁니다.

ဒေါ်အောင်ဆန်းစုကြည် ရေးတဲ့စာအုပ်က “ကြောက်ရွံ့ခြင်းမှ လွတ်ကင်းရေး”ပါ။
도 아웅산:수찌 예:대. 싸오웃?까. 짜웃?융.진:(흐)마. 룻?낑:예:바

아웅산수찌여사가 쓴 책은 “두려움으로부터의 해방”이다.

မြန်မာနိုင်ငံရဲ့နိုင်ငံရေးနဲ့စီးပွားရေးက တိုးတက်လာမယ်။
먄마나잉앙예. 나잉앙예:내.시:봐:예:가. 또:뗏?라매

미얀마의 정치와 경제는 발전할 것입니다.

သူ အလုပ်လုပ်တာကို သဘောတူညီချက်လုံးဝမရှိဘူး။
뚜 어로웃?로웃?따고 더보뚜니젯? 롱:와.머시.부.

그가 한 일을 전혀 동의할 수 없습니다.

သွားတာလာတာ ဂရုစိုက်ပါ။
똬:다라다(흐)마 거유.싸잇?빠

왕래하면서 조심하세요.

|음식과 관련된 단어|

ဆန်[hsan]	(탈곡된) 쌀
စပါး[zəba:]	(탈곡 안 된) 벼
ထမင်း[htəmin:]	밥
ကောက်ညှင်း[kauʔhnin:]	찹쌀
ဂျုံ[gy(j)oun]	밀
ဂျုံမှုန့်[gy(j)ounhmoun.]	밀가루
ခေါက်ဆွဲ[hkauʔhswɛ:]	(일반적) 국수, 라면
* ပဲခေါက်ဆွဲ[pɛ:hkauʔhswɛ:]	짜장면
* ခေါက်ဆွဲအေး[hkauʔhswɛ:e:]	냉면
မုန့်တီ[moun.di]	(면발이 굵은) 국수, 주로 비빔용 국수
ကြာဆံ[kyazan]	(면발이 얇은) 국수(vermicelli)
* ကြာဇံ[kyazan] (×)	
ဆီချက်[hsichɛʔ]	(기름을 넣은) 볶음
ဟင်း[hin:]	반찬
ဟင်းချို[hin:gy(j)ou]	국, 국물
အမြည်း[əmi:]	안주, 전채(前菜)요리
သုပ်[thouʔ]	비빔
* ထမင်းသုပ်	비빔밥
ကင်[kin]	구이, 꼬치
* ဝက်သားကင်	돼지고기 꼬치
ကြော်[kyɔ]	볶은 요리, 튀긴 요리
* ခေါက်ဆွဲကြော်	볶음국수
ပြုတ်[pyouʔ]	삶다. 삶은 요리
* ခေါက်ဆွဲပြုတ်	물국수

ဆူတယ်[hsu]	끓이다.
ချက်တယ်[chɛʔ]	(일반적) 요리하다.
* ထမင်းချက်တယ်။	취사하다.
ဆား[hsa:]	소금
သကြား[dhəgy(j)a:]	설탕
ပဲငံပြာရည်[pɛ:ŋanbyayi]	간장
ငရုတ်ကောင်း[ŋəyouʔkaun:]	후추
ငရုတ်ဆီ[ŋəyouʔhsi]	고추장
ရှာလကာရည်[shala.kayi]	식초
ငံပြာရည်[ŋanbyayi]	액젓
ငါးပိ[ŋəpi.]	생선 젓갈
အချိုမှုန့်[əchouhmoun.]	조미료
ပဲဆီ[pɛ:hsi]	식용유(콩기름)
နှမ်းဆီ[hnan:hsi]	참기름
နံနံပင်[nannamin]	고수풀
ဟင်းသီးဟင်းရွက်[hin:di:hin:ywɛʔ]	채소

문제 풀기

I. **다음 빈칸에 알맞은 단어를 넣어 완성시키시오.**

1. ဒီဘုရားဟာဦးကျော်ရဲ့____________နဲ့ဆောက်____________ပါ။
   (이 불탑은 우 쪼씨의 공덕으로 건축된 것이다.)

2. ____________ဝန်ကြီးဌာနနဲ့____________ဝန်ကြီးဌာနဝန်ကြီး တွေတွေ့တယ်။ (건설부와 농업부 장관이 만났습니다.)

3. ဒီ____________ကတော့ကျွန်တော်____________မရှိဘူး။
   (이 문화는 나의 관심이 아닙니다.)

4. ကျွန်တော် ဒီ____________နဲ့မ____________ဘူး။
   (이 사건은 나와 상관없습니다.)

5. ခင်ဗျား____________ဘာလဲ။
   (당신의 희망은 무엇입니까?)

6. နှစ်နိုင်ငံ____________အတွက်____________လုပ်တယ်။
   (양국의 우호를 위해 노력합니다.)

7. စာအုပ်နီးနီးကပ်ကပ်____________မျက်လုံးအတွက်မကောင်းဘူး။
   (책을 가까이 보는 것은 눈에 좋지 않습니다.)

8. အရက်သောက်____________၊ ဆေးလိပ်သောက်____________ မကောင်းဘူး။ (음주와 흡연은 좋지 않습니다.)

9. မနက်ဖြန်တွေ့____________မမေ့ပါနဲ့။
   (내일 만날 일을 잊지 마세요.)

10. သူကမောင်ရပအစ်ကိုဖြစ်____________သိမိတယ်။
    (그가 유빠의 형이라는 사실을 알았습니다.)

Ⅱ. 다음 동사들을 명사화 접미사를 사용하여 명사로 바꾸시오.

1. စီရင်တယ်။ → ____________________ (판결)
2. စားသောက်တယ်။ → ____________________ (먹을 것)
3. စားသောက်တယ်။ → ____________________ (먹기)
4. လွတ်လပ်တယ်။ → ____________________ (독립)
5. တော်လှန်တယ်။ → ____________________ (혁명)
6. ရည်ရွယ်တယ်။ → ____________________ (목적)
7. တောင်းပန်တယ်။ → ____________________ (사과)
8. ချမ်းသာတယ်။ → ____________________ (부유함)
9. လုပ်တယ်။ → ____________________ (일터)
10. ဖဲကစားတယ်။ → ____________________ (노름)

Ⅲ. 다음 문장을 미얀마어로 작문하시오.

1. 저는 짠 것을 좋아합니다.

____

2. 설탕, 소금, 식용유를 넣어야 합니다.

____

3. 남쪽의 반대쪽은 북쪽이다.

____

4. 이 영화는 무척 재미있습니다.(စရာ 사용)

____

5. 미얀마에서는 통신상황이 좋지 않습니다.

____

6. 당신은 왼손잡이, 나는 오른손잡이입니다.

____

7. 소금을 많이 넣으면 음식이 짭니다.

____

8. 미얀마에는 내무부와 외무부가 있습니다.

____

9. 제가 말한 것을 적었습니까?

____

10. 이것은 새로 산 물건인 것 같습니다.

____

သင်ခန်းစာ(၈)

အအေးမိသွားတယ်။

※ 괄호 속 표현은 존칭의 의미로 생략가능

ဘယ်လိုဖြစ်လို့လာသလဲ။
배ㅡㄹ로 퓟?로. 라더ㅡㄹ래:

အအေးမိလို့လာတာပါ။
어에:미.ㅡㄹ로. 라다바

လက္ခဏာအခြေအနေဘယ်လိုလဲ။
렛?커나 어체어네 배ㅡㄹ로래:

အဖျားနည်းနည်းရှိပြီး ချောင်းဆိုးတယ်။
어퍄: 내:-ㄴ내: 시.비: 차웅:소:대

ဘယ်တုန်းကစပြီး နေမကောင်းသလဲ။
배동:가.싸.비: 네머까웅:더ㅡㄹ래:

သုံးရက်လေးရက်လောက်ကြာပြီ။
똥:옛?레:옛? 라웃?짜비

ဆေးထိုးတာဘယ်လိုလဲ။
세:토:다 배ㅡㄹ로래:

မလိုဘူး။ ဒီဆေးကိုသောက်ပါ။
머ㅡㄹ로부: 디 세:고 따웃?빠

အစာစားပြီး မိနစ်(၃၀) ကြာမှ နှစ်လုံးသောက်ပါ။
어싸사:비: 미.닛?똥:재 짜(흐)마. (흐)넛?롱:따웃?빠

စိတ်ချလက်ချ၊ အနားယူပါဦး။
쎄잇?차.렛?자. 어나:유바봉:

어떻게 오셨습니까?
감기에 걸려서 왔습니다.
증상은 어떻습니까?
열이 조금 있고, 기침을 합니다.
언제부터 아팠습니까?
3~4일 됐습니다.
주사 맞는 것은 어떨까요?
괜찮습니다. 이 약을 복용하세요.
식후 30분에 두 알을 복용하세요.
마음을 편안히 하고, 쉬세요.

단어와 숙어 익히기

※ 동사에는 종조사 တယ်။가 붙는다.

အအေးမိတယ်။	감기에 걸리다
* အအေး	추위
* မိတယ်။	갑자기 ~하다, 자기도 모르게 ~하다
လက္ခဏာ	징후, 징조
အဖျား	열
* ဖျားတယ်။	열나다.
ချောင်းဆိုးတယ်။	기침하다
* ချောင်း	목, 기관지
* ဆိုး	나쁜, 좋지 않은
ဆေးထိုးတယ်။	주사 놓다
* ဆေး	약(藥)
* ထိုးတယ်။	찌르다
ဆေးသောက်တယ်။	약을 복용하다
မှ	(장소, 지점) ~에서부터, ~한 뒤, (동사 반복)~해서
စိတ်ချတယ်။	안심하다
* စိတ်	마음
* ချတယ်။	놓다.
အနားယူတယ်။	휴식하다, 퇴직하다

문법 따라잡기

동사는 본동사, 보조동사로 나눌 수 있다. 본동사는 목적어의 행위와 형태를 나타내는 것이고, 보조동사는 본동사를 수식하는 역할을 한다. 미얀마어에서 동사는 어미 변화를 하지 않지만, 명사, 동사 등 특정 단어와 결합하여 복합동사를 이루기도 한다.

1. 본동사: 목적어의 행위나 상태를 나타내는 동사, 목적

၁။ ကျွန်တော် စားသောက်ဆိုင်မှာ ထမင်းစားတယ်။
나는 식당에서 밥을 먹었습니다.

၂။ မနေ့က ဆေးရုံတက်တယ်။ 어제 병원에 갔습니다.

၃။ အခုသွားနေတယ်။ 지금 가고 있습니다.

၄။ ဒီနေ့စာမေးပွဲဖြေမယ်။ 오늘 시험을 칠 예정입니다.

2. 보조동사: 본동사와 연결되어 그 행위나 상태를 수식하는 동사로 보조동사가 없어도 문장은 성립됨.

၁။ အချိုရည်သောက်လို့ကုန်ပြီ။ 음료수를 다 마셔버렸습니다.

၂။ ဒီစာအုပ်ကို ဖတ်ကြည့်မယ်။ 이 책을 읽어 보겠습니다.

၃။ ဒီအချက်ကိုသူ့ကိုပြောထားပါ။ 이 점을 그에게 말해 두어라.

၄။ အခုသွားနေတယ်။ 지금 가고 있습니다.

၅။ ဓာတ်ပုံရိုက်ပေးပါ။ 사진 찍어 주세요.

၆။ သာစည်မှာ ရထားပြောင်းစီးရမယ်။ 따지에서 기차를 갈아타야 합니다.

၇။ သူမိတ်ကပ်လိမ်းပြီးနောက်လှလာတယ်။ 그는 화장을 한 뒤 예뻐졌습니다.

၈။ ဟိုဆိုင်မှာ ထမင်းသွားစားမယ်။ 저 식당에 가서 밥을 먹을 겁니다.

cf〉 ဟိုဆိုင်မှာ ထမင်းစားသွားမယ်။ 저 식당에 밥을 먹고, 갈 겁니다.

3. 조동사: 보조동사의 기능과 같은데, 미얀마어에는 다음과 같은 조동사들이 있다.

가. 동사 + ကြတယ်။ 복수일 경우 사용하지만 생략해도 무방하다.

၁။ သားတွေ ကျောင်းကိုသွားကြတယ်။ 아들들이 학교에 갔습니다.

호응

나. 동사 + ခဲ့တယ်။ 과거시제, (가까운 미래의 이동) ~하고 오다(가다).

၁။ သူ မြစ်ကြီးနားကို သွားခဲ့တယ်။ 그는 밋찌나로 갔습니다.

၂။ မြန်မြန်လာခဲ့ပါ။ 빨리 와라.

다. 동사 + ခိုင်းတယ်။ (사역) ~을 시키다.

၁။ သားကို ဆန်ဝယ်ခိုင်းတယ်။ 아들에게 쌀을 사오라고 시켰다.

라. 동사 + ချင်တယ်။ ~하고 싶다, (추측, 가능) ~할지도 모른다.

၁။ ကျောင်းပိတ်ရက်မှာ မြန်မာကိုသွားချင်တယ်။

방학에 미얀마를 가고 싶다.

၂။ ဒီမြေအောက်မှာ အဖိုးတန်ပစ္စည်းရှိချင်ရှိမယ်။

이 땅 아래에 보물이 있을지도 모른다.

마. 동사 + စေတယ်။ (허가) ~해도 좋다. (사역) ~시키다.

၁။ ဒီသီချင်းကလူများစုကိုပျော်ရွှင်စေတယ်။

이 노래는 많은 사람들을 즐겁게 할 수 있다.(한다.)

၂။ ဦးကိုလေးဟာ သူ့သမီးဆရာဝန်ဖြစ်စေချင်တယ်။

꼬레씨는 그의 딸이 의사선생님이 되었으면 한다.

바. 동사 + နိုင်တယ်။ (가능) ~할 수 있다. (선택) ~해도 좋다.

၁။ ကျွန်တော် လိမ်မပြောနိုင်ဘူး။ 저는 거짓말을 할 수 없습니다.

၂။ ဒီပန်းခြံမှာဓာတ်ပုံရိုက်နိုင်သလား။

이 공원에서 사진을 찍을 수 있습니까?

၃။ ကျွန်တော် ကိုရီးယားစကားပြောနိုင်တယ်။

저는 한국어를 할 수 있습니다.(×)

사. 동사 + တတ်တယ်။ (능력) ~할 수 있다. (습관) ~하는 경향이 있다.

၁။ ကျွန်တော် ကိုရီးယားစကားပြောတတ်တယ်။

저는 한국어를 할 수 있습니다.

၂။ ဦးကိုလေးဟာ ခဏခဏ အင်္ဂလိပ်လိုပြောတတ်တယ်။

꼬레씨는 자주 영어로 말하곤 합니다.

아. 동사 + လေ့ရှိတယ်။ (습관) ~하는 경향이 있다.

၁။ မြန်မာမှာ လူကြီးကိုလေးစားလေ့ရှိတယ်။

미얀마에서는 어른을 존경하는 경향이 있습니다.

၂။ ကျွန်တော် မနက်စောစောအိပ်ရာထလေ့ရှိတယ်။

저는 아침 일찍 일어나곤 합니다.

자. 동사 + ဖူး(ဘူး)တယ်။ ~한 경험이 있다.

၁။ ကျွန်တော် မြောက်ကိုရီးယားကိုမရောက်ဖူး(ဘူး)ဘူး။

저는 북한에 가 본 적이 없습니다.

차. 동사 + မိတယ်။ 갑자기 ~하다, 자기도 모르게 ~하다

၁။ မြန်မာနဲ့ထိုင်းဆက်ဆံရေးမကောင်းတာသိမိတယ်။

미얀마와 태국의 사이가 좋지 않다는 사실을 우연히 알았습니다.

၂။ ကျွန်တော် အအေးမိတယ်။ 저는 감기에 걸렸습니다.

카. 동사 + လိုက်တယ်။ 확실히 ~하다, (명령)~해라.

၁။ မီးကိုမှန်မှန်ကန်ကန်လိုက်မယ်။

소화(消火)를 확실히 하겠습니다.

၂။ လိမ်ပြောတာကိုပြောလိုက်။ 거짓말 한 것을 말해라.

타. 동사 + လွန်းတယ်။ 너무(지나치게) ~하다.

၁။ စားလွန်းလို့အစာမကြေဘူး။

너무 많이 먹어서(과식해서) 소화가 안 됩니다.

파. 동사 + ရတယ်။ (허가, 가능) ~할 수 있다, (의무) ~해야 한다, (확신) 틀림없이 ~하다, (기회)를 얻다

၁။ ဒီလမ်းသွားလို့ရတယ်။ 이 길을 갈 수 있습니다.

၂။ မနက်ဖြန်အထိ အိမ်စာပြီးရမယ်။ 내일까지 숙제를 끝내야 합니다.

၃။ ဒီလမ်းအတိုင်းသွားရင်အိမ်ရောက်ရမယ်။

이 길을 따라 가면 반드시 집에 도착할 겁니다.

၄။ တွေ့ရတာ ဝမ်းသာတယ်။ 만나게 된 것이 기쁩니다.

하. 동사 + သေးတယ်။ 아직 ~하지 않고 있다. 아직 ~하지 않았다.

၁။ မောင်ဖြိုးဖြိုးမလာသေးဘူး။ 표표는 아직 오지 않았습니다.

၂။ ရောက်ဖို့လိုသေးတယ်။ 아직 도착하지 않았습니다.

갸. 동사 + ဦး+ (~) ။ 계속 ~하다.

၁။ ကျွန်တော်သွားပါဦးမယ်။ 저는 가보겠습니다.

၂။ ဒီဆိုင်မှာနေဦးမလား။ 이 가게에 계속 있을 겁니까?

၃။ ကျွန်တော်တောင်းပန်တာလက်ခံပါဦး။ 저의 사과를 받아주십시오.

냐. 동사 + တော့ + (~) ။ 이제 곧 ~하다, (결말) 결국 ~하다, 더 이상 ~하지 않다.

၁။ ဘီယာသောက်တော့မယ်။ (이제) 맥주를 마실 겁니다.

၂။ ဘောလုံးကွင်းကိုသွားတော့မလား။
이제 축구장에 갈 것입니까?

၃။ သူကကိုထွန်းရှင်ဖြစ်တာသိတော့တယ်။
그가 퉁신씨라는 사실을 이제 알았습니다.

၄။ နောက်ဆုံးတော့ပြီးသွားပြီ။ 결국 끝났습니다.

၅။ သွားချင်ရင်သွားတော့။ 가고 싶으면 이제 가십시오.

၆။ စိတ်မပူနဲ့တော့။ 이제 걱정하지 마세요.

၇။ သူမငိုနဲ့တော့လို့အကြံပေးပါဦး။ 그에게 이제 울지 말라고 조언해 주세요.

※ သေး ၊ ဦး၊ တော့의 상호비교(→는 동작, 상황을 의미)

	과거	현재	미래
သေး	→	→	
ဦး		→	→
တော့	→	→	→

4. 수동태

미얀마어에서 ခေ 나 ခိုင်း 등과 같이 수동형 동사가 있지만 일반동사를 수동형으로 바꾸어 수동태로 표현한다. 수동태를 만드는 것은 간단하다. 첫째, 자동사를 타동사 형태로 바꾸는 것인데, 일반적으로 무기음은 자동사, 유기음은 타동사의 형태를 띤다. 둘째, 접두어 အ+동사+ခံရ의 형태로 수동태를 만든다.

가. 자동사(က၊ စ၊ င၊ နှ၊ ပ၊ မ၊ လ)와 타동사(ခ၊ ဆ၊ ငှ၊ နှ၊ ဖ၊ မှ၊ လှ)의 구별

* 자동사		* 타동사	
ကျတယ်။	떨어지다	ချတယ်။	떨어뜨리다
ကျိုးတယ်။	부러지다	ချိုးတယ်။	부러뜨리다
ကျက်တယ်။	익다	ချက်တယ်။	익히다
ကွာတယ်။	벌어지다	ခွာတယ်။	벌리다
နိုးတယ်။	(잠에서) 깨다	နှိုးတယ်။	(잠에서) 깨우다
စုတ်တယ်။	찢기다	ဆုတ်တယ်။	찢다
ပျောက်တယ်။	사라지다, 없어지다	ဖျောက်တယ်။	사라지게하다, 없어지게 하다
ပြတ်တယ်။	잘리다, 그만두게 하다	ဖြတ်တယ်။	자르다, 그만두다
ပေါက်တယ်။	열리다	ဖေါက်တယ်။	열다
ပွင့်တယ်။	열리다	ဖွင့်တယ်။	열다

မြင့်တယ်။	높다	မြှင့်တယ်။	높이다
လွတ်တယ်။	자유로워지다	လွှတ်တယ်။	자유롭게하다
လျော့တယ်။	줄다	လျှော့တယ်။	줄이다

예문

၁။ ထမင်းကျက်လာပြီ။ 밥이 다 익었다.

၂။ ကျွန်တော် ထမင်းချက်တတ်တယ်။ 나는 밥을 지을 수 있다.

၃။ ကျွန်တော့်မှတ်ပုံတင်ကဒ်ပျောက်သွားပြီ။ 내 신분증이 사라졌다.(잃어버렸다)

၄။ မျက်လှည့်ဆရာကကျားကိုဖျောက်သွားပြီ။ 마술사가 호랑이를 사라지게 했다.

၅။ တံခါးအလိုလိုပွင့်တယ်။ 열문이 저절로 열렸다.

၆။ သူတံခါးဖွင့်တယ်။ 그가 문을 열었다.

※ 다음의 두 단어는 위 자동사와 타동사 법칙을 따르지 않는다.

၁။ သောက်တယ်။ 마시다 တိုက်တယ်။ 마시게 하다

예문 ဘီယာသောက်မယ်။ 맥주을 마실 것이다.

ဘီယာတိုက်မယ်။ 맥주를 사줄 것이다.

ကလေးကို နို့တိုက်တယ်။ 아이에게 수유하다.

၂။ စားတယ်။ 먹다 ကျွေးတယ်။ 먹이다

예문 ခေါက်ဆွဲစားတယ်။ 국수를 먹다.

ခေါက်ဆွဲကျွေးတယ်။ 국수를 대접하다.

※ 다음의 단어들은 무기음과 유기음 대립이지만 자동사와 타동사 형태로 대조되지 않는다.

စူတယ်။	부풀다	ဆူတယ်။	끓다
စိုတယ်။	젖다	ဆိုတယ်။	말하다
စိုက်တယ်။	심다	ဆိုက်တယ်။	마주치다, 도착하다
စွပ်တယ်။	끼우다, 신다	ဆွပ်တယ်။	새가 쪼다
ပြေတယ်။	느슨하게 하다	ဖြေတယ်။	응답하다, (문제) 풀다
ပိတ်တယ်။	닫다	ဖိတ်တယ်။	초대하다

나. အ+동사+ခံရ~ 의 용법: 동사 앞 အ는 동사를 명사화시키는 접두사로 동사가 아닌 명사가 왔을 때 အ는 필요치 않다. 그래서 다음과 같은 몇 가지 형태의 수동태가 나타난다.

(1) 명사 + 동사 + ခံရတယ်။

၁။ ကားမောင်းသမား ခွေးကိုက်ခံရတယ်။ 운전수는 개에게 물렸습니다.

၂။ သူငယ်ချင်းတစ်ယောက်ကားတိုက်ခံရတယ်။
친구 한 명이 자동차 사고를 당했습니다.

(2) 명사 + အ 동사 + ခံရတယ်။

၁။ ကျွန်တော် အရိုက်ခံရတယ်။ 나는 맞았습니다.

၂။ ဘယ်သူ အခိုင်းခံရသလဲ။ 누구를 시켰습니까?

(3) 명사1 + 명사2 + 동사 + ခံရတယ်။

၁။ ငါ လူ လိမ်ခံရတယ်။ 나는 사기 당했습니다.

၂။ မမြ ကျောင်းအုပ်ကြီးခေါ်ခံရတယ်။
먀씨는 교장선생님께 호출 당했습니다.

(4) 명사1 + 명사 + ကို + 명사2 + 동사 + ခံရတယ်။

၁။ မမြ စက်ဘီးကို သူခိုးခိုးခံရတယ်။ 마씨는 자전거를 도둑맞았습니다.

cf> အမေကလေးကိုခြေအိတ်ဝတ်ပေးတယ်။

엄마는 아이에게 양말을 신겼습니다.

※ 원래 타동사의 의미만 있는 동사는 위와 같이 쓸 필요가 없다. 다만 타동사를 자동사의 형태, 즉 능동태로 바꿀 경우 အ + 동사 + ခံ의 형태로 쓴다. 아래에서 ခံ은 고유의 뜻인 '잡다', '수용하다', '참다', '저항하다'의 의미이다.

ဆဲတယ်။ 욕하다

အဆဲခံရတယ်။ 욕먹다 ဆဲတာကိုသည်းခံတယ်။ 욕을 참다

ဖမ်းတယ်။ 체포하다, 잡다

အဖမ်းခံရတယ်။ 체포되다, 잡히다. အဖမ်းခံတယ်။ 자수하다

သေတယ်။ 사망하다, 죽다

အသေခံရတယ်။ 사살되다. အသေခံတယ်။ 자살하다

5. 최상급의 표현: 미얀마어에서 최상급의 표현은 အ + 동사 + ဆုံး의 형태로 쓴다. 역시 အ + 동사는 동사를 명사화시킨 것이며, 품사는 형용사 형태를 취한다.

၁။ ဒီကားက ဒီဆိုင်မှာ အကောင်းဆုံးပဲ။ 이 차가 이 가게에서 제일 좋다.

၂။ ကိုရီးယားမှာ ဘယ်သူက အလှဆုံးဖြစ်လဲ။ 한국에서 누가 가장 예쁩니까?

၃။ ခင်ဗျားအကြိုက်ဆုံးအစားအစာဘာလဲ။

당신이 가장 좋아하는 음식은 무엇입니까?

표현 따라하기

ဘာဖြစ်လို့လာသလဲ။ 어떻게 오셨습니까?
바 퓓?로. 라더ㅡㄹ래:

ဘာရောဂါရှိသလဲ။ 무슨 병이 있습니까?
바 요:가 시.더ㅡㄹ래:

ခေါင်းကိုက်ပြီး ဗိုက်လည်းနာတယ်။ 머리가 아프고 배도 아픕니다.
가웅:가잇?삐: 바잇?래: 나대

တကိုယ်လုံးညောင်းပြီး ချွေးအများကြီးထွက်တယ်။
떠꼬롱: 냐웅:비: 췌: 어먀:지: 퉷?때
전신이 쑤시고 땀이 많이 납니다.

ခင်ဗျားဆေးထိုးခံရမယ်လို့ထင်တယ်။
커먀: 세: 토: 캉야.매ㅡㄹ로. 틴대
당신은 주사를 맞아야 할 것 같습니다.

အသင့်မဖြစ်သေးဘူး။ ဆေးထိုးတော့။
머 띤. 머핏? 데:부: 세:토:도.
아직 준비되지 않았습니다. 이제 주사 놓습니다.

လက်မောင်းအောက်ကိုချလိုက်ပါ။
렛?마웅: 아웃?꼬 차.라잇?빠
팔을 아래로 내리세요.

မြန်မာစာနဲ့ဆေး(ညွှန်း)စာကိုဖတ်တတ်သလား။
먄마자내. 세:(눙:)자고 퍗?땃?더ㅡㄹ라:
미얀마어로 된 처방전을 읽을 수 있습니까?

တတ်တယ်။ ဖတ်ပြရမလား။
땃?때 퍗?빠.야.머.ㅡㄹ라:
네. 읽어 드릴까요?

ရတယ်၊ ဒီနေ့လူနာအများဆုံးပဲ။
야.대 디네. 루나 어먀:종:배:
괜찮습니다. 오늘 환자가 제일 많습니다.

|질병과 관련된 단어|

ကင်ဆာ[kinhsa]	암
ကာလဝမ်း[kala.wun:]	콜레라
ခေါင်းကိုက်ခြင်း[gaun:kai?chin:]	두통
ခေါင်းမူးခြင်း[gaun:mu:gy(j)in:]	현기증
ဆီးချိုရောဂါ[hsi:gy(j)ouyɔ:ga]	당뇨병
တုပ်ကွေး[tou?kwe:]	독감
ဒဏ်ရာ[danya]	상처
နားအုံရောင်နာ[naounyaunna]	중이염
နှလုံးအတက်(ခ်)[hnəloun:ətɛ?(k)]	심장마비
နှလုံးရောဂါ[hnəloun:yɔ:ga]	심장병
နှာရည်ယိုခြင်း[hnayiyougy(j)in:]	재채기
ပို့အန်ခြင်း[pyou.angy(j)in:]	구토
ဗိုက်နာခြင်း[bai?nagy(j)in:]	복통
မီးလောင်ဒဏ်ရာ[mi:laundanya]	화상
ယောင်ယမ်းခြင်း[yaunyan:j(gy)in:]	염증
လည်ချောင်းနာခြင်း[lɛchaun:naj(gy)in:]	기관지염
ဝမ်းချုပ်ခြင်း[wun:chou?chin:]	변비
ဝမ်းပျက်ခြင်း[wun:pyɛ?chin:]	설사
သွားကိုက်ခြင်း[thwa:gai?chin:]	치통
သွေးပေါင်[thwe:baun]	혈압
သွေးကျခြင်း[thwe:kya.gy(j)in:]	빈혈
သွေးဖြူဥများရောဂါ[thwe:hpyuu.mya:yɔ:ga]	백혈병
သွေးတိုး[thwe:thou:]	고혈압
သွေးပေါင်ကျ[thwe:baunkya.]	저혈압

အစာမကြေခြင်း[əsaməkyigy(j)in:]	소화불량
အစာအဆိပ်သင့်ခြင်း[əsaəhseiʔthin.gy(j)in:]	식중독
အကြောတက်ခြင်း[əkyɔ:tɛʔchin:]	신경통
အဆုတ်အအေးမိခြင်း[əhsouʔəe:mi.gy(j)in:]	폐렴
အဖုအကျိတ်[əhpu.əkyeiʔ]	부스럼
ငှက်ဖျားရောဂါ[əhpya:yɔ:ga]	말라리아
အူအတက်ရောင်[uətɛʔyaun]	맹장염, 충수염
အူရောင်ငန်းဖျားရောဂါ[uyaunŋan:hpya:yɔ:ga]	장티푸스
ကျိုးတယ်။[kyou:dɛ]	부러지다
ညောင်း(ညာ)တယ်။[nyaun:(nya)dɛ]	쑤시다, 결리다
နှာခေါင်းပိတ်တယ်။[hnəgaun:peiʔtɛ]	코가 막히다
အဆစ်လည်တယ်။[əhsiʔlɛdɛ]	삐다, 접질리다

4단계

문제 풀기

Ⅰ. 다음 빈칸에 알맞은 단어를 넣어 완성시키시오.

1. ဆေးသုံးလုံးကို________________ပါ။ (약 세 알을 복용하세요.)
2. ဒီမုန့်ဟင်းခါးကိုမြည်း________________ပါ့မယ်။ (이 몽힝가를 맛보겠습니다.)
3. ဒီအခန်းမှာစာအုပ်ရှိ________________ရှိ________________။
   (이 방에 책이 있을지도 모른다.)
4. သူသေနတ်ပစ်________________တယ်။ (그는 권총을 쏠 줄 압니다.)
5. ခင်ဗျားတောင်းပန်မပြော________________ဘူး။
   (당신은 아직까지 사과를 하지 않았습니다.)

6. ဆရာက အချိုရည်______________တယ်။
(선생님이 음료수를 사주었습니다.)

7. စပါး______________ရိတ်______________တယ်။
(수동 – 벼가 잘렸습니다.)

8. ဒီအစားအစာကိုစပ်______________ပေးပါဦး။
(이 음식을 맵게 해 주세요.)

9. အဆုံးမှာတော့တရားခံ______________တယ်။
(마침내 범인이 체포되었습니다.)

10. ဒီကားက______________မြန်______________ပဲ။
(이 차가 가장 빠릅니다.)

Ⅱ. **다음의 자동사와 타동사를 각각 분리하시오(자동사와 타동사로 대비 되지 않는 동사도 있음).**

ချတယ်။	ပျောက်တယ်။	ဖေါက်တယ်။
ကျိုးတယ်။	မြင့်တယ်။	ချက်တယ်။
ကျက်တယ်။	လွတ်တယ်။	ပေါက်တယ်။
စုတ်တယ်။	ဆုတ်တယ်။	လျှော့တယ်။
ချိုးတယ်။	ဆိုတယ်။	ပိတ်တယ်။
ဖျောက်ဗာယ်။	မြှင့်တယ်။	ကျွေးတယ်။
စိုက်တယ်။	ခွာတယ်။	တိုက်တယ်။
ပြတ်တယ်။	ဖွင့်တယ်။	ဖြတ်တယ်။
ကျတယ်။	ဆွပ်တယ်။	လွှတ်တယ်။
လျော့တယ်။	ကွာတယ်။	ပြေတယ်။
စားတယ်။	စိုတယ်။	ဆိုက်တယ်။
စွပ်တယ်။	ပွင့်တယ်။	ဖြေတယ်။
ဖိတ်တယ်။	သောက်တယ်။	

자동사	타동사

Ⅲ. 다음 문장을 미얀마어로 작문하시오.

1. 어디가 아프십니까?

____

2. 저는 배가 아프고 기침도 합니다.

____

3. 배탈이 나서 약을 먹어야 합니다.

____

4. 이 문제를 풀어보세요.

____

5. 이 물건들을 가져가라고 그에게 시켰다.

____

6. 저는 담배를 끊었습니다(금연했습니다).

____

7. 형이 지갑을 도둑맞았습니다.

____

8. 발이 부러진 새를 치료했습니다.

____

* 치료하다 ဆေးကုတယ်။

9. 종이를 찢지 마세요.

____

10. 그는 제일 나쁜 사람입니다.

____

သင်ခန်းစာ(၉)
ပိုက်ဆံလဲချင်တယ်။

※ 괄호 속 표현은 존칭의 의미로 생략가능

ဒီကောင်တာမှာ ဒေါ်လာလဲနိုင်သလား။
디 까운따 (흐)마 도-ㄹ라 래:나잉더-ㄹ라:

ရပါတယ်။ ဘယ်လောက်လဲမလဲ။
야.바대 배-ㄹ 라웃? 래:머-ㄹ래:

ဒီနေ့ဈေးနှုန်းဘယ်လောက်လဲ။
디네. 제:(흐)농: 배-ㄹ 라웃?래:

ဒီနေ့(၈၉၅)ပါ။ မနေ့ကထက်နည်းနည်းတက်လာတယ်။
디네.씻?야.꼬재.응아바 머네.가.텟? 내:-ㄴ내: 뗏?라대

ဟုတ်လား။ ဒါဆိုရင် ဒေါ်လာ(၃၀၀)လဲမယ်။
호웃?라: 다소잉 도-ㄹ라 똥:야 래:매

ပတ်(စ်)ပို့ပြပေးပါဦး။
빳?(스)뽀. 뺘.뻬:바옹:

ပတ်(စ်)ပို့မပါသေးဘူးဗျာ။
빳?(스)뽀. 머빠데:부:뱌

နိုင်ငံခြားသားဆိုရင် ပတ်(စ်)ပို့မပါရင် ပိုက်ဆံလဲလို့မရဘူး။
나잉앙자:다: 소잉 빳?(스)뽀. 머빠잉 빠잇?상래:-ㄹ로.머야.부:

ဒုက္ခပဲ။ ဒီနေ့ ဘယ်နှစ်နာရီမှာ ပိတ်မှာလဲ။
도웃?카.배: 디네. 배(흐)너나이(흐)마 뻬잇?(흐)마-ㄹ래:

(၄) နာရီခွဲမှာပါ၊ ပြန်လာဦးမလား။
레:나이괘: (흐)마바 뺭 라 옹:머-ㄹ라:

ဟုတ်ကဲ့။ မလာခင်ဖုန်းဆက်ပါ့မယ်။
호웃?깨. 머-ㄹ라깅 퐁: 셋? 바.매

이 카운터에서 달러를 환전해도 됩니까?
네. 얼마나 환전하실 겁니까?
오늘 환율은 얼마입니까?
895짯입니다. 어제보다 약간 올랐습니다.
그렇습니까? 그러면 300달러를 바꾸겠습니다.
여권을 보여주세요.
미안합니다. 여권이 없습니다.
외국인은 여권이 없으면 환전이 불가능합니다.
저런! 오늘 몇 시에 끝나지요?
4시 반입니다. 다시 오실 겁니까?
네. 오기 전 전화하겠습니다.

1 단계

단어와 숙어 익히기

※ 동사에는 종조사 တယ်။가 붙는다.

ကောင်တာ	카운터
ဒေါ်လာ	달러
လဲတယ်။	바꾸다, 교환하다.
ဈေးနှုန်း	가격
ထက်	(비교) ~보다
ပတ်(စ်)ပို့	여권 = နိုင်ငံကူးလက်မှတ်
အားနာတယ်။	송구스러워하다.
နိုင်ငံခြားသား	외국인
ပိုက်ဆံ	돈, 화폐
ဆက်တယ်။	연결하다

2 단계

문법 따라잡기

일반적으로 동사는 단음절과 다음절 동사로 나눠지는데, 후자는 다시 몇 종류로 나눠진다. 즉, 상이한 동사들이 합쳐져 새로운 동사가 되는 경우, 명사와 동사가 합쳐져 새로운 동사가 되는 경우 등이 있다. 이외 관용적 표현으로 명사와 동사와 합쳐져 동사(형용사)가 되는 경우도 있다.

1. 단음절동사

ကတယ်။	춤추다
ခေါ်တယ်။	부르다, 호출하다
ငိုတယ်။	울다
စောင့်တယ်။	기다리다
ဆပ်တယ်။	되돌려주다
တီးတယ်။	(악기) 연주하다, 두드리다
ထုတ်တယ်။	생산하다, 빼내다
နေတယ်။	거주하다
ပို့တယ်။	보내다
ဖက်တယ်။	안다
မုန်းတယ်။	싫어하다
ယူတယ်။	가지다
ရောင်းတယ်။	팔다
လုပ်တယ်။	일하다

2. 다음절동사

가. 의미가 상이한 동사들의 조합: 두 단어가 조합하여 한 단어가 되는 경우인데, 중심이 되는 한 단어만 사용해도 문맥상 오류는 없다.

ကိုက်ညီတယ်။ 동의하다. → ကိုက်တယ်။ (쥐다) + ညီတယ်။ (동일하다)

ကြည့်ရှုတယ်။ 관람하다. → ကြည့်တယ်။ (보다) + ရှုတယ်။ (보다)

ကျင့်သုံးတယ်။ 실행하다. → ကျင့်တယ်။ (실행하다) + သုံးတယ်။ (사용하다)

စုဆောင်းတယ်။ 저축하다. → စုတယ်။ (모으다) + ဆောင်းတယ်။ (기여하다, 여분을 두다)

စည်းလုံးညီညာတယ်။ 통일하다. → စည်းလုံးတယ်။ (통일하다) + ညီညာတယ်။ (통일하다)

တွဲကပ်တယ်။ 첨부하다. → တွဲတယ်။ (붙이다) + ကပ်တယ်။ (붙이하다)

တီးမှုတ်တယ်။ 연주하다. → တီးတယ်။ (치다) + မှုတ်တယ်။ (불다)

တိုးမြှင့်တယ်။ 상승하다. → တိုးတယ်။ (오르다) + မြှင့်တယ်။ (올리다)

တည်းခိုတယ်။ 숙박하다. → တည်းတယ်။ (머물다) + ခိုတယ်။ (피하다)

ပြုလုပ်တယ်။ 만들다. → ပြုတယ်။ (행하다) + လုပ်တယ်။ (일하다)

လုံလောက်တယ်။ 충분하다. → လုံတယ်။ (완전히 덮다) + လောက်တယ်။ (충분하다)

나. 명사와 동사의 결합으로 동사가 되는 경우: 인간 신체와 동사(형용사)가 결합하는 경우가 다수이다.

(1) ခေါင်း (머리)와 결합하는 단어

ခေါင်းကိုက်တယ်။ 두통으로 고생하다. → ခေါင်း (머리) + ကိုက်တယ်။ (때리다)

ခေါင်းခါတယ်။ 부정하다. → ခေါင်း (머리) + ခါတယ်။ (좌우로 흔들다)

ခေါင်းခံတယ်။ 책임지다, 비난하다. → ခေါင်း (머리) + ခံတယ်။ (수용하다)

ခေါင်းချတယ်။ 자다, 죽다. → ခေါင်း (머리) + ချတယ်။ (떨어뜨리다)

ခေါင်းဆောင်တယ်။ 이끌다. → ခေါင်း (머리) + ဆောင်တယ်။ (운반하다)

ခေါင်းညိတ်တယ်။ 동의하다. → ခေါင်း (머리) + ညိတ်တယ်။ (상하로 끄덕이다)

ခေါင်းလျှော်တယ်။ 머리를 감다. → ခေါင်း (머리) + လျှော်တယ်။ (세탁하다)

(2) စိတ် (마음)과 결합하는 단어

စိတ်ကူးတယ်။ 상상하다. → စိတ်(마음) + ကူးတယ်။ (건너다)

စိတ်ချတယ်။ 안심하다. → စိတ်(마음) + ချတယ်။ (떨어뜨리다)

စိတ်ငယ်တယ်။ 침체하다. → စိတ်(마음) + ငယ် (작은)

စိတ်ဆိုးတယ်။ 화나다. → စိတ်(마음) + ဆိုး (나쁘다, 나쁜)

စိတ်တူတယ်။ 동의하다. → စိတ်(마음) + တူ (같은)

စိတ်တိုတယ်။ 성질이 급하다. → စိတ်(마음) + တို (짧은)

စိတ်ရှည်တယ်။ 인내심이 있다. → စိတ်(마음) + ရှည် (긴)

စိတ်ညစ်တယ်။ 삐치다. → စိတ်(마음) + ညစ် (더러운, 악취나는)

စိတ်နောက်တယ်။ 미치다. → စိတ်(마음) + နောက် (탁한)

စိတ်ပူတယ်။ 걱정하다. → စိတ်(마음) + ပူ (뜨거운)

စိတ်ပျက်တယ်။ 실망하다. → စိတ်(마음) + ပျက်တယ်။ (파괴되다)

(3) နား (귀)와 결합하는 단어

နားကျတယ်။ 수용하다 → နား(귀) + ကျတယ်။ (떨어지다)

နားချတယ်။ 설득하다 → နား(귀) + ချတယ်။ (떨어뜨리다)

နားထောင်တယ်။ 집중해서 듣다 → နား(귀) + ထောင်တယ်။ (세우다)

နားပေါက်တယ်။ 이해하다 → နား(귀) + ပေါက်တယ်။ (열리다)

နားရှက်တယ်။ 당황하다 → နား(귀) + ရှက် (부끄러운)

* 이 단어는 부끄러운 말을 들었을 때 사용하는 단어임.

နားလည်တယ်။ 이해하다 → နား(귀) + လည်တယ်။ (돌다)

နားလှည့်တယ်။ 속이다 → နား(귀) + လှည့်တယ်။ (이리저리 돌아다니다)

နားဝင်တယ်။ 수용하다 → နား(귀) + ဝင်တယ်။ (들어가다)

(4) နှလုံး (심장)과 결합하는 단어

နှလုံးခုန်တယ်။ 심장이 뛰다 → နှလုံး(심장) + ခုန်တယ်။ (뛰다)

နှလုံးနာတယ်။ 메스껍다 → နှလုံး(심장) + နာ (아픈)

နှလုံးပြုတယ်။ 마음에 두다 → နှလုံး(심장) + ပြုတယ်။ (행하다)

နှလုံးလှတယ်။ 마음씨가 곱다 → နှလုံး(심장) + လှတယ်။ (아름답다)

နှလုံးသွင်းတယ်။ 참다 → နှလုံး(심장) + သွင်းတယ်။ (집어넣다)

* 이 단어는 무엇을 이해하고 마음속으로 다짐하여 노력할 때 사용한다.

(5) နှုတ် (입, 연설하다)과 결합하는 단어

နှုတ်ဆက်တယ်။ 인사하다, 안부를 전하다 → နှုတ်(입) + ဆက်တယ်။ (연결하다)

နှုတ်ပေါ့တယ်။ 입이 가볍다 → နှုတ်(입) + ပေါ့ (가벼운, 부드러운)

နှုတ်ပိတ်တယ်။ 입이 무겁다 → နှုတ်(입) + ပိတ်တယ်။ (닫다)

(6) သဘော (성격)과 결합하는 단어

သဘောကျတယ်။ 마음에 들다. → သဘော (성격) + ကျတယ်။ (떨어지다)

သဘောတူတယ်။ 동의하다. → သဘော (성격) + တူ (동일한)

သဘောထားတယ်။ 간주하다. → သဘော (성격) + ထားတယ်။ (놓다, 두다)

သဘောပေါက်တယ်။ 이해하다. → သဘော (성격) + ပေါက်တယ်။ (열리다)

(7) မျက်စိ (눈)과 결합하는 단어

မျက်စိနောက်တယ်။ 시야를 방해하다 → မျက်စိ(눈) + နောက် (탁한)

မျက်စိမှားတယ်။ 실수하다 → မျက်စိ(눈) + မှားတယ်။ (틀리다) = မျက်စိမှောက်တယ်။

(8) မျက်နှာ (얼굴)과 결합하는 단어

မျက်နှာချင်းဆိုင်တယ်။ 대치하다 → မျက်နှာ(얼굴) + ချင်းဆိုင်တယ်။ (접하다)

မျက်နှာငယ်တယ်။ 열등감을 느끼다 → မျက်နှာ(얼굴) + ငယ် (적은)

မျက်နှာပျက်တယ်။ 체면이 손상되다 → မျက်နှာ(얼굴) + ပျက်တယ်။ (파괴되다)

မျက်နှာပြုတယ်။ 체면이 손상되다 → မျက်နှာ(얼굴) + ပြုတယ်။ (행하다)

(9) လက် (손)과 결합하는 단어

လက်ခံတယ်။ 수용하다. → လက် (손) + ခံတယ်။ (수용하다)

လက်ဆေးတယ်။ 손을 씻다. → လက် (손) + ဆေးတယ်။ (씻다)

လက်တွဲတယ်။ 연합하다. → လက် (손) + တွဲတယ်။ (연결하다, 부착하다)

လက်ထပ်တယ်။ 결혼하다. → လက် (손) + တပ်တယ်။ (포개다, 겹치다)

(10) ဝမ်း (배)와 결합하는 단어

ဝမ်းနည်းတယ်။ 슬퍼하다, 유감이다 → ဝမ်း (배) + နည်း (적은)

ဝမ်းနှုတ်တယ်။ 설사하다 → ဝမ်း (배) + နှုတ်တယ်။ (빼다)

ဝမ်းပျက်တယ်။ 설사하다 → ဝမ်း (배) + ပျက်တယ်။ (파괴되다)

ဝမ်းသာတယ်။ 기뻐하다 → ဝမ်း (배) + သာ (즐거운)

(11) အား (힘)과 결합하는 단어

အားကိုးတယ်။ 의지하다 → အား (힘) + ကိုးတယ်။ (의지하다)

အားကျတယ်။ 모방하다, 부러워하다, 경쟁하다 → အား (힘) + ကျတယ်။ (떨어지다)

အားခဲတယ်။ 단호하다 → အား (힘) + ခဲတယ်။ (결정하다)

အားတက်တယ်။ 격려 받다 → အား (힘) + တက်တယ်။ (오르다)

အားပေးတယ်။ 격려하다 → အား (힘) + ပေးတယ်။(주다)

အားထုတ်တယ်။ 투쟁하다 → အား (힘) + ထုတ်တယ်။ (생산하다, 끄집어내다)

အားနာတယ်။ 송구스럽다 → အား (힘) + နာ (아픈)

အားရတယ်။ 만족스럽다 → အား (힘) + ရတယ်။ (가능하다)

※ 상기 복합동사는 두 단어(명사+동사) 이상이 조합된 것이므로 부정어 형태로 만들 때는 동사 앞에 부정어가 위치해야 한다는 사실에 주의해야 한다.

- စိတ်မဆိုးနဲ့။ (○) မစိတ်ဆိုးပါနဲ့။ (×)
- သူအားမပေးဘူး။ (○) သူမအားပေးဘူး။ (×)

다. 일부에 한해 양태를 나타내는 형용사(동사)와 동사(형용사)의 결합으로 동사가 되는 경우

(1) ကောင်း (좋은)과 결합하는 단어

ကောင်းချီးတယ်။ 칭찬하다, 축복하다. → ကောင်း (좋은) + ချီးတယ်။ (칭찬하다)

ကောင်းစားတယ်။ 번영하다. → ကောင်း (좋은) + စားတယ်။ (먹다)

(2) ကြီး (큰)과 결합하는 단어

ကြီးကဲတယ်။ 통치하다. → ကြီး (큰) + ကဲတယ်။ (통치하다)

ကြီးကြပ်တယ်။ 감독하다. → ကြီး (큰) + ကြပ်တယ်။ (감독하다)

ကြီးထွားတယ်။ 자라다, 발전하다. → ကြီး (큰) + ထွား (큰)

ကြီးမှူးတယ်။ 이끌다, 주도하다. → ကြီး (큰) + မှူး (조언자)

라. 관용적 표현의 동사

ခေတ်စားတယ်။ 유행하다

cf〉 ခေတ်မှီ / ခေတ်မီ 최신의

ချိန်ထားတယ်။ 약속하다

cf〉 ကတိထားတယ်။ 약속이 있다(○)

ဂရုစိုက်တယ်။ 조심하다, 유의하다

ဒေါသထွက်တယ်။ 화나다

နာမည်ကြီးတယ်။ 유명하다

နောင်တရတယ်။ 후회하다

မီးကင်တယ်။ (불에) 굽다

မီးငြှိမ်းတယ်။ 불을 끄다, 소화하다

cf〉 မီးငြိမ်းတယ်။ 불이 꺼지다

မီးလောင်တယ်။ 불이 나다, 점화되다

မိုးရွာတယ်။ 비가 오다

cf〉 မိုးကျတယ်။(○), နှင်းကျတယ်။(○)

မျက်နှာသစ်တယ်။ 세수하다

cf〉 မျက်နှာဆေးတယ်။(○), 일부는 사용함

ရေချိုးတယ်။ 목욕하다

လာကြိုတယ်။ 마중 나오다

လိုက်ပို့တယ်။ 배웅하다

လမ်းလျှောက်တယ်။ 산책하다

ဝယ်ကျွေးတယ်။ 한턱내다

သီချင်းဆိုတယ်။ 노래하다

သွားတိုက်တယ်။ 양치하다

အရွယ်တင်တယ်။ 동안(童顔)이다

အရွယ်ကျတယ်။ 노안(老顔)이다

3. 사칙연산

ပေါင်းတယ်။ 더하다

နုတ်တယ်။ 빼다

မြှောက်တယ်။ 곱하다

စားတယ်။ 나누다

သုံးနဲ့သုံးကိုပေါင်းတယ်။ 3에서 3을 더하다

တစ်ဆယ်မှနှစ်ကိုနုတ်တယ်။ 10에서 2를 빼다

표현 따라하기

ဒေါ်လာလဲချင်တယ်။ ဒီနေ့ဘယ်လောက်လဲ။
도―ㄹ라 래:진대 디네. 배―ㄹ 라웃?래:
달러를 환전하고 싶습니다. 오늘 얼마입니까?

ဒီနေ့(၈၉၅)ပါ။ ဘယ်လောက်လဲမလဲ။
디네. 씻?야.꼬째.응아바 배―ㄹ라웃? 래:머―ㄹ래:
오늘 895짯입니다. 얼마나 환전하실 겁니까?

ဒေါ်လာ(၂၀၀)နဲ့ယူရိုငွေ(၁၀၀)ပါ။
도―ㄹ라 (흐)너야내. 유로응웨 똥:야바
200 달러와 100 유로입니다.

စုစုပေါင်း(၂၇၉၀)ကျပ်ပါ။
수.주.바웅:(흐)너타웅.쿠닛?야.꼬:재짯?빠
합계 2,790짯입니다.

ယူရိုငွေနှုန်းက (၁၀၀၀)ကျပ်ပါ။
유로응웨(흐)농:가. 떠타웅 짯?빠
유로화는 1천 짯입니다.

တခြားဘာကူညီပေးရမလဲ။
더차: 바꾸니 뻬:야.머―ㄹ래:
다른 것은 뭐가 필요하십니까?

အကြွေးဝယ်ကဒ်အသစ် တစ်ချပ်ထုပ်ချင်တယ်။
어쮀:왜깟?어띳? 더찻?토웃?친데
신용카드 한 장을 발행하고 싶습니다.

အဲဒါမရဘူး။ ဒါပေမဲ့ငွေသားလက်မှတ်ကဒ်ထုပ်နိုင်တယ်။
애:다 머야.부: 다베매. 응웨다: 렛?(흐)맛?깟? 토웃?나잉대
안됩니다. 그러나 현금카드는 발행가능합니다.

ငွေသွင်းငွေထုတ်စက်မှာသုံးနိုင်တယ်။
응웨뛩: 응웨토웃?쎗?(흐)마 똥:나잉대
현금인출기에서 사용 가능합니다.

ဟုတ်လား။ ကျေးဇူးတင်ပါတယ်။
호웃?라:　　　쩨:주:띤바대

그렇습니까? 감사합니다.

|은행에서 사용하는 단어|

ချက်(လက်မှတ်)[chɛʔ(lɛʔhmaʔ)]	수표
ငွေ[ŋwe] 또는 ပိုက်ဆံ[paiʔhsan]	돈
ငွေစက္ကူ[ŋwesɛʔku]	지폐
ငွေပမာဏ[ŋwepəmana.]	금액
ငွေသား[ŋwetha:]	현금
ငွေသားလက်မှတ်ကဒ်[ŋwetha:lɛʔhmaʔkaʔ]	현금카드
စာရင်းရှင်အပ်ငွေ[sayin:shinaʔŋwe]	당좌예금
စာရင်းသေအပ်ငွေ[sayin:aʔŋwe]	정기예금
စုဆောင်းခြင်း[su.hsaun:j(gy)in:]	저축
တံဆိပ်တုံး[dəzeiʔtoun:]	도장
တံဆိပ်တုံးထုခြင်း[dəzeiʔtoun:htu.j(gy)in:]	날인(捺印)
နိုင်ငံခြားသားမှတ်ပုံတင်ကဒ်[nainganj(gy)a:da:hmaʔpountinkaʔ]	외국인등록증
ပိုက်ဆံချေးတယ်[paiʔhsan(ŋwe)che:(i:)dɛ]	(돈) 빌리다
※ ငှားတယ်[hŋa:dɛ]	(물건) 빌리다
ပိုက်ဆံ(ငွေ)ထုတ်ခြင်း[paiʔhsan(ŋwe)htouʔchin:]	인출
ပိုက်ဆံ(ငွေ)သွင်းခြင်း[paiʔhsan(ŋwe)thwin:j(gy)in:]	입금
ပိုက်ဆံ(ငွေ)ပို့ခြင်း[paiʔhsan(ŋwe)pou.j(gy)in:]	송금 = ပိုက်ဆံ(ငွေ)လွှဲခြင်း
ပိုက်ဆံ(ငွေ)လဲခြင်း[paiʔhsan(ŋwe)lɛ:j(gy)in:]	환전
ပုံမှန်ငွေအပ်နှံခြင်း[pounhmanŋweaʔhnanj(gy)in:]	보통예금
ဘဏ်(တိုက်)[ban(daiʔ)]	은행

ဘဏ်စာအုပ်[bansaouʔ]	통장
ဘဏ်စာအုပ်နံပါတ်[bansaouʔnanpaʔ]	계좌번호
မြန်မာငွေ[ŋwe]	미얀마 화폐
cf〉 မြန်မာပိုက်ဆံ(×)	
ရေတွက်ခြင်း[yetɛʔchin:]	셈
လဲနှုန်း[lɛ:hnoun:]	환율
(လက်)ကျန်ငွေပမာဏ[(lɛʔ)kyanŋwepəmana.]	잔액
လက်မှတ်[lɛʔhmaʔ]	서명
လက်မှတ်ထိုးခြင်း[lɛʔhmaʔhtou:j(gy)in:]	서명날인
အကြွေးစေ့[əkywe:ze.]	동전 = ဒင်္ဂါး
အကြွေးဝယ်ကဒ်[əkywe:wɛkaʔ]	신용카드
အတိုး[ətou:]	이자
အတိုးနှုန်း[ətou:hnoun:]	이자율
အခွန်[əhkun]	세금 = အကောက်ခွန်
အပ်ငွေခြင်း[aʔŋwej(gy)in:]	예금
အပ်ငွေပမာဏ[aʔŋwepəmana.]	예금액

문제 풀기

I . **다음 빈칸에 알맞은 단어를 넣어 완성시키시오.**

1. မြန်မာငွေကို ကိုရီးယားဝမ်နဲ့_______________ချင်တယ်။
(미얀마돈을 한국 원으로 바꾸고 싶습니다.)

2. မြန်မာကို_______________ချင်တယ်။ (미얀마로 돈을 보내고 싶습니다.)

3. ဒီမှာတံဆိပ်တုံး______________ပါ။
(여기에 도장을 찍으십시오.)

4. ______________နဲ့တံဆိပ်တုံးရှိရင်ငွေ______________နိုင်တယ်။
(통장과 도장이 있으면 대출이 가능합니다.)

5. ခင်ဗျားတူရိယာပစ္စည်း______________တတ်သလား။
(당신은 악기를 연주할 수 있습니까?)

6. သုံးနာရီမှာ သူငယ်ချင်းနဲ့______________တယ်။
(3시에 친구와 약속을 했습니다.)

7. ခေါင်း______________ပြီးလက်______________တယ်။
(머리를 감고, 손을 씻었습니다.)

8. ဆရာနဲ့______________သွားတယ်။
(선생님과 산책하러 나갔습니다.)

9. သူတွေ့ဖို့ဟိုတယ်ကို______________နေတယ်။
(그를 만나기 위해 호텔까지 마중 나왔습니다.)

10. သုံးနဲ့လေးကို______________ရင်ဆယ့်နှစ်ပါ။
(3 곱하기 4는 12이다.)

Ⅱ. 다음 동사들을 원형에 따라 분리하고, 그 뜻을 적으시오.

ကျင့်သုံးတယ်။ → ______________________

တိုးမြှင့်တယ်။ → ______________________

တည်းခိုတယ်။ → ______________________

စိတ်ကူးတယ်။ → ______________________

ခေါင်းချတယ်။ → ______________________

နားပေါက်တယ်။ → ______________________

နှလုံးလှတယ်။ → ______________________

နှုတ်ဆက်တယ်။ → ______________________

သဘောတူတယ်။ → ______________________

သဘောပေါက်တယ်။ → ______________________

လက်ထပ်တယ်။ → ______________________

အားပေးတယ်။ → ______________________

သီချင်းဆိုတယ်။ → ______________________

အရွယ်တင်တယ်။ → ______________________

Ⅲ. 다음 문장을 미얀마어로 작문하시오.

1. 형이 나에게서 5천원을 빌렸습니다.

____

2. 이 은행은 이자율이 낮습니다.

____

3. 이 종이에 서명해 주십시오.

____

4. 최신 노래 한 곡 불러보세요.

____

5. 세수하고, 손을 씻었습니다.

____

6. 걱정하지 마세요.

7. 술을 많이 마셔서 머리가 아픕니다.

8. 그는 성격이 매우 좋습니다.

9. 남한과 북한은 통일되어야 합니다.

10. 차로에서는 조심하세요.

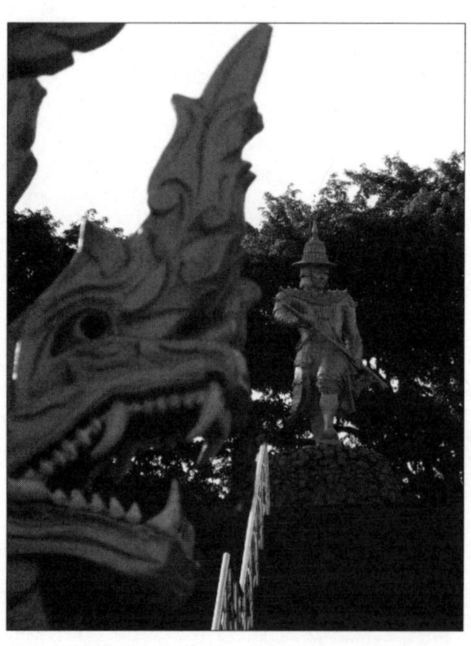

သင်ခန်းစာ(၁၀)
မနန္ဒာနဲ့ဖုန်းပြောချင်တယ်။

ဟဲလို။ မနန္ဒာရှိသလား။
해:ㅡㄹ로 마.난다시.더ㅡㄹ라:

ရှိတယ်။ ဘယ်သူဘာလဲရှင်။
시.대 배두 바ㅡㄹ래:신

သူ့သူငယ်ချင်းမကြူကြူပါ။
뚜. 떵얘진: 마.주주바

ခဏကိုင်ထားပါ။ ခေါ်ပေးမယ်။
커나. 까잉타:바 코 뻬:매

ဟဲလို။ မကြူကြူ ဘာလုပ်နေလဲ။
해:ㅡㄹ로 마.주주 바 로웃?네ㅡㄹ래:

ကိုရီးယားဇာတ်ကားကြည့်တယ်။ အခုတလောကျွန်မကိုရီးယားစကားသင်တယ်။
꼬리:야:잣?까:찌.대 어쿠.더ㅡㄹ로: 쩌마. 꼬리:야:저가: 띤대

စိတ်ဝင်စားစရာကောင်းတယ်။ မခက်ဘူးလား။
쎄잇?윙자:저야 까웅:대 머켓?푸ㅡㄹ:라:

ဝေါဟာရအချို့နည်းနည်းပါးပါးခက်ပေမဲ့ တကယ်စိတ်ဝင်စားတယ်။
워:하라. 어초. 내:ㅡㄴ내:빠:바: 켓?뻬매. 더개 쎄잇?윙자:대

ဟုတ်လား၊ စနစ်တကျသင်ယူရင်တော်တော်တက်လာမယ်။
호웃?라: 서닛?더자. 띤유잉 또도 뗏?라매

အစကထက် ပိုတက်တယ်။ ကြိုးကြိုးစားစားသင်ရမယ်။
어싸.가. 텟? 뽀뗏?대 쪼:조:사:자: 띤야.매

ဟုတ်တယ်။ ကျွန်မအားပေးမယ်။
호웃?때 쩌마. 아:뻬:매

ကျေးဇူးပါ။ ဒါပဲနော်။
쩨:주:바 다배:노

ဒါပဲ။
다배:

여보세요? 난다 있습니까?
있습니다. 누구십니까?
그의 친구 주주입니다.
잠깐만 기다리세요. 불러줄게요.
여보세요. 주주야 뭐하고 있니?
한국드라마보고 있었어. 요즘 나 한국어 공부해.
흥미로운 일이구나. 어렵지 않니?
일부 단어가 어렵지만 정말 재미있어.
그래? 체계적으로 공부하면 실력이 꽤 늘거야.
처음보다 많이 나아졌어. 열심히 공부해야 해.
그래. 내가 격려할게.
고마워. 용건이 끝났니?(그것 뿐이니?)
응.

1단계

단어와 숙어 익히기

※ 동사에는 종조사 တယ်။가 붙는다.

ဟဲလို (전화) 여보세요

ကိုင်တယ်။ 쥐다, 잡다

ခေါ်တယ်။ 부르다, 불리다

ဇာတ်ကား TV드라마

အခုတလော 요즘

စိတ်ဝင်စားတယ်။ 관심 있다

နည်းနည်းပါးပါး 약간, 조금

2단계

문법 따라잡기

이번 과에서는 부사의 종류와 쓰임을 배워본다. 일반적으로 부사는 고유부사, 형용사를 반복하는 부사, 접사가 사용된 부사 등 세 가지로 나뉜다.

1. 고유부사

가. 정도와 수량을 나타내는 부사

တစ်အား[təa:] = သိပ်[theiʔ] = အရမ်း[əyan:] = အလွန်[əlun] = အင်မတန်[inmətan] 매우, 전적으로

မနည်း[mənɛ:] 적지 않게

နည်းနည်း[nɛ:nɛ:] 약간

များများ[mya:mya:] 많이

လုံးဝ[loun:wa.] (부정) 전혀 ~ 아니다

အကုန်[əkoun] = အကုန်လုံး[əkounloun:] = အားလုံး[a:loun:] 모두

အချို့[əchou.] = 일부, 어떤; 이미 지시한 사항, 사물이 없는 경우, 뒤에서 앞을 수식함.

တချို့[dəchou.] = 일부, 어떤; 이미 지시한 사항, 사물이 없는 경우

예문 လူအချို့လိမ်ပြောတယ်။ 일부는 거짓말을 했다.

예문 တချို့က လိမ်ပြောတယ်။ 일부는 거짓말을 했다.

အခြား[əcha:] = 다른 것(other)

တခြား[dəcha:] = 다른 것(different, another)

예문 ဒါအပြင်အခြားမရှိဘူးလား။ 그 외 다른 것은 없습니까?

예문 တခြားလူမျိုးရှိသေးလား။ 다른 사람은 없습니까?

나. 시간과 빈도를 나타내는 부사

ခဏ[hkəna.] 잠깐 cf〉 ခဏခဏ[hkəna.hkəna.] 자주

ချက်ချင်း[chɛʔchin:] 즉시

တခါတလေ[dəhkadəle] 가끔

အမြဲ[əmyɛ:] = အမြဲတစေ[əmyɛ:dəze] = အမြဲတမ်း[əmyɛ:dan:] 항상

အရင်[əyin] 먼저

다. 상황 또는 감정을 나타내는 부사

ကောင်းကောင်း[kaun:gaun:] 적당한, 좋은

ဆက်[hsɛʔ] = ဆက်ဆက်[hsɛʔhsɛʔ] = ဆက်လက်[hsɛʔlɛʔ] = 계속해서, 연속해서

အချင်းချင်း[əchin:j(gy)in:] 서로

သပ်သပ်[thaʔthaʔ] 각자, 별도로

အသီးသီး[əthi:dhi:] 각각

ကိုယ်တိုင်[koudain] 스스로

ရုတ်တရက်[youʔtəyɛʔ] = ဗုံးခနဲ[boun:hkənɛ:] 갑자기

လွှတ်ခနဲ[hluʔhkənɛ:] 무심코

တစ်ယောက်တည်း[təyauʔhtɛ:] 혼자, 홀로

တစ်ခုစီ[təhkusi] 한 개씩

တော်တော်[tɔdɔ] 꽤, 상당히

တကယ်[dəgɛ] (화자의 감정) 정말로

2. 고유부사의 확장(동사적 용법)

동사로서의 역할을 포기하고 후치하는 동사를 수식하는 기능을 하는 형태를 의미한다.

ကြို[kyou] 미리 ~하다 * 원래 뜻은 '환영하다'

예문 အိမ်စာကြို(တင်)ဖြေပြီးနောက်ကစားပါ။
숙제를 미리 하고, 놀아라.

စ[sa.] 최초로 ~하다 * 원래 뜻은 '시작하다' = စတင်တယ်။

예문 ဒီမဂ္ဂဇင်းက မြန်မာလို စထုတ်တာပါ။
이 잡지는 미얀마어로 최초로 출판되었다.

ဆက်[hsɛʔ] 계속 ~하다 * 원래 뜻은 '연결하다'

예문 သူဆေးလိပ်ပဲဆက်သောက်နေတယ်။
그는 계속해서 담배만 피우고 있다.

ထပ်[htaʔ] = ပြန်[pyan] 다시 ~하다 * 원래 뜻은 '쌓다'

예문 ထပ်ပြောပါ။ 다시 말해주세요. = ပြန်ပြောပါ။

ပို[pou] 더욱 ~하다 * 원래 뜻은 '남다'

예문 ရန်ကုန်လူဦးရေ၊ ပဲခူးလူဦးရေ ထက် ပိုများတယ်။
양공 인구가 버고 인구보다 많다.

위 문장에서 ပို는 원래의 뜻인 '남다'가 아닌 '더욱 ~하다', 즉 비교급의 형태로 쓰였다. 비교급일 때 '~보다'의 의미인 ထက်은 생략가능하다. 만약 ထက်을 쓸 경우 후치한 ပို는 생략 가능하다.

3. 동사(형용사)의 반복으로 부사가 되는 경우

가. 단음절 동사(형용사)의 반복: 두 번째 음절은 유성음화가 된다는 사실에 주의할 것!

ကောင်း 좋은 → ကောင်းကောင်း[kaun:gaun:] 잘, 적당한

စော(시간) 이른 → စောစော[sɔ:zɔ:] 일찍

ဖြည်း(속도) 느린 → ဖြည်းဖြည်း[phyɛ:byɛ:] 천천히

မြန်(속도) 빠른 → မြန်မြန်[myanmyan] 빨리

မှည့် 익은, 익다 → မှည့်မှည့်[hmɛ.hmɛ.] 잘 익은

나. 다음절 동사(형용사)의 반복

ကြိုးစားတယ်။ 노력하다 → ကြိုးကြိုးစားစား[kyou:gy(j)ou:sa:za:] 열심히

တိကျတယ်။ 정확하다 → တိတိကျကျ[ti.di.kya.gy(j)a.] 정확하게

ပူနွေး 뜨거운 → ပူပူနွေးနွေး[pou:bou:nwe:nwe:] 뜨겁게

ပြင်းထန် 맹렬한, 거센 → ပြင်းပြင်းထန်ထန်[pyin:byin:htandan] 맹렬하게, 거세게

ပွင့်လင်း 명백한, 명확한 → ပွင့်ပွင့်လင်းလင်း[pwin.bwin.lin:lin:] 명백하게, 명

확하게

မှန်ကန် 정확한 → မှန်မှန်ကန်ကန်[hmanhmankangan] 정확하게

ရိုသေတယ်။ 존경하다 → ရိုရိုသေသေ[youyouthedhe] 정중하게

အေးချမ်း 평화로운, 찬 → အေးအေးချမ်းချမ်း[e:e:chan:gy(j)an:] 평화롭게, 차게

အေးဆေးတယ်။ 조용하다, 평화롭다 → အေးအေးဆေးဆေး[e:e:hse:hse:] 조용히, 평화롭게

* 위 부사들은 명사를 수식하는 데에도 이용된다.

ကော်ဖီပူပူနွေးနွေးတစ်ခွက်သောက်ချင်တယ်။ 뜨거운 커피 한잔 마시고 싶다.

မိုးပြင်းပြင်းထန်ထန်ရွာနေတယ်။ 비가 거세게 내리고 있다.

ထောပတ်သီးမှည့်မှည့်စားတယ်။ 잘 익은 아보카드를 먹었다.

ကုမ္မာရီချောချောရှာတယ်။ 예쁜 아가씨를 찾았습니다.

4. 접사가 붙어서 부사가 되는 경우

가. ခပ်+동사+동사: 꽤 ~하다

၁။ ကျောင်းကိုခပ်စောစောတက်တယ်။ 꽤 일찍 등교했다.

၂။ သူခပ်နုနုပြောတယ်။ 그는 꽤 부드럽게 말한다.

၃။ သူခပ်ပြုံးပြုံးရယ်တယ်။ 그는 꽤 잘 웃는다.

나. တ+동사+동사: 의성어, 의태어를 나타낼 때 사용함.

၁။ ရင်တထိတ်ထိတ်နဲ့ စာမေးပွဲရလဒ်ကိုကြည့်တယ်။

가슴을 조마조마하며 시험 결과를 봤다.

၂။ ရထားတဖြည်းဖြည်းသွားနေတယ်။ 기차는 천천히 가고 있다.

တကြော်ကြော် 우렁차게

တစိမ့်စိမ့်	물끄러미
တထောင်းထောင်း	무럭무럭
တဖိတ်ဖိတ်	반짝반짝
တဖြူးဖြူး	휘휘
တဖြောက်ဖြောက်	주룩주룩
တဖြောင်းဖြောင်း	짝짝
တလူလူ	뭉게뭉게

다. အ+동사+동사: 수와 양을 나타낼 때 사용함.

၁။ ရေကူးကန်ကို အတူတူသွားတယ်။
수영장을 함께 갔다.

၂။ စားပွဲပေါ်မှာ စာအုပ်ကို အထပ်ထပ်စီတင်တယ်။
책상위에 책을 첩첩히 쌓았다.(=အဆင့်ဆင့်)

၃။ ပြတင်းပေါက် အလိုလိုပွင့်ပြီ။
창문이 저절로 열렸다.

၄။ ကိုရီးယားဘောလုံးအသင်းက အနိုင်နိုင် အနိုင်ရတယ်။
한국 축구팀이 가까스로 이겼다.

၅။ လွတ်လပ်ရေးနေ့မှာ နိုင်ငံတော်အလံအရပ်ရပ်မှာ ချိတ်တားတယ်။
독립기념일에 국기가 방방곡곡에 걸립니다.

라. 명사(형용사)+တ+동사: 명사(형용사)+동사의 형태를 부사화한 것이다.

ဂရုတစိုက် 조심스럽게 * ဂရုစိုက်တယ်။ 조심하다

예문 ဓါတ်လှေကားကို ဂရုတစိုက် တက်ပါ။
조심스럽게 엘리베이터를 타세요.

စနစ်တကျ 체계적으로, 규칙적으로 * စနစ်ကျတယ်။ 질서정연하다

예문 မြန်မာဘာသာကို စနစ်တကျသင်ယူတယ်။
미얀마어를 체계적으로 공부했다.

စိတ်ဝင်တစား 흥미진진하게 * စိတ်ဝင်စားတယ်။ 관심 있다

예문 ကိုရီးယားကားကို စိတ်ဝင်တစားကြည့်နေတယ်။
한국드라마를 흥미진진하게 시청 중이다.

နေရာတကျ 제자리에 * နေရာကျတယ်။ (생활) 안정되다, 자리 잡다

예문 ကိုယ့်ထိုင်ခုံနေရာတကျထိုင်ပါ။
각자의 제자리에 앉으십시오.

마. မ가 포함되는 부사: 주로 부정의 의미를 나타낸다.

စနစ်မကျ 체계 없이, 불규칙적으로

예문 သူစနစ်မကျကားမောင်းတယ်။
그는 엉망으로 운전했다.

မကြားတကြား 들릴락 말락 → မ+동사1+တ동사1: (동사)할지 안할지

예문 သူပြောတာ မကြားတကြားဖြစ်တယ်။
그가 말하는 것이 들릴락 말락 한다.

မချမ်းမသာ 부유하지 않게 → မ+동사1+မ동사2: 동사1+2 하지 않게

예문 သူတို့မချမ်းမသာနေတယ်။ 그들은 부유하지 않게 산다.

မသာမယာ 화창하지 않게

예문 ကနေ့ရာသီဥတုမသာမယာဖြစ်တယ်။
오늘 날씨는 그다지 화창하지 않다.

မရပ်မနား 쉬지 않고, 끊임없이

예문 သူမရပ်မနားကြိုးစားတယ်။ 그는 끊임없이 노력했다.

5. 신체의 명칭

ကိုယ်[kou]	신체 = ခန္ဓာ[hkanda] = ကိုယ်ခန္ဓာ[kouhkanda]
ခေါင်း[gaun:]	머리
ဆံပင်[zəbin]	머리카락
cf〉 ဆံတော်[hsandɔ]	불발(佛髮)
မျက်နှာ[myɛʔhna]	얼굴
မျက်စိ[myɛʔsi.]	눈
မျက်လုံး[myɛʔloun:]	눈동자
မျက်ရစ်[myɛʔyiʔ]	눈가주름
မျက်ရည်[myɛʔyi]	눈물
မျက်ခုံး[myɛʔgoun:]	눈썹
မျက်တောင်[myɛʔdaun]	속눈썹
နှာခေါင်း[hnəgaun:]	코
အတွန့်[ətun.]	주름
ပါး[pa:]	볼
ပါးချိုင့်[pəgy(j)ain.]	보조개
ပါးစပ်[pəzaʔ]	입
နှုတ်ခမ်း[hnouʔhkan:]	입술
နှုတ်ခမ်းမွေး[hnouʔhkan:mwe:]	콧수염
မုတ်ဆိတ်မွေး[mouʔhseiʔmwe:]	턱수염
မေး[me:]	턱

လျှာ[sha]	혀
သွား[thwa:]	치아
နား[na:]	귀
လည်ပင်း[lɛpin:]	목
လည်ချောင်း[lɛchaun:]	편도
ရင်[yin]	가슴
ကျောကုန်း[kyɔ:goun:]	등
ခါး[hka:]	허리
လက်[lɛʔ]	손
လက်မောင်း[lɛʔmaun:]	팔뚝
လက်ဖမိုး[lɛʔhpəmou:]	손등
လက်ဖဝါး[lɛʔhpəwa:]	손바닥
လက်ချောင်း[lɛʔchaun:]	손가락
လက်သည်း[lɛʔthɛ:]	손톱
ပခုံး[bəgoun:]	어깨
ခြေ[che(i)]	발
ခြေထောက်[che(i)dauʔ]	다리
ခြေဖဝါး[che(i)hpəwa:]	발바닥
ခြေချောင်း[che(i)gy(j)aun:]	발가락
ဒူး[du:]	무릎
ပေါင်[paun]	넓적다리
ကြွက်သား[kywɛʔtha:]	근육
အသား[ətha:]	피부 = အရေပြား
အရိုး[əyou:]	뼈
ဦးနှောက်[u:hnauʔ]	두뇌

အစာအိမ်[əsa:ein]	위
နှလုံး[hnəloun:]	심장
အဆုတ်[əhsouʔ]	폐, 허파
အသည်း[əthɛ:]	간
အူ[u]	장(腸)

3단계

표현 따라하기

ဟဲလို။ မေးကြည့်ပါရှင်။
해:ㅡㄹ로 메:찌.바신
여보세요? 물어보세요.

ဆရာမပါလား။ ကျွန်တော်ထက်အောင်ပါ။
서야마. 바ㅡㄹ라: 쩌노 텟?아웅바
선생님이세요? 저 텟아웅입니다.

ဆရာမရှိလားမသိဘူး။ ကိုရီးယားကဆက်တာပါ။
서야마. 시.ㅡㄹ라:머띠.부: 꼬리:야:가. 셋?따바
선생님 계신지 모르겠네요. 한국입니다.

ပြောနေတယ်။ ဘယ်ကဆက်သလဲ။
뾰:네대 배가. 셋?더ㅡㄹ래:
접니다. 어디십니까?

ရှိတယ်။ ခဏလေးကိုင်ထားပါ။
시.대 커나ㅡㄹ.레: 까잉타:바
계십니다. 잠깐만 계세요(쥐고 계세요).

ရှိတယ်။ ခဏစောင့်ပါ။
시.대 커나.싸웅.바
계십니다. 잠깐만 기다리세요.

အော် မောင်ထက်အောင်၊ပြော။
오 마웅텟?아웅 뾰:

오, 텟아웅. 말해라.

ဆရာမမရှိဘူး။ ပြောစရာရှိလား။
서야마. 머.시.부: 뾰:저야 시.―ㄹ라:

선생님 안 계십니다. 전할 말 있습니까?

ပြောစရာမရှိဘူး။ နှုတ်ဆက်ဖို့ဆက်တာပါ။
뾰:저야.머시.부: (흐)노웃?셋?포. 셋?따바

전할 말은 없습니다. 안부 전하러 전화 드렸습니다.

ဘယ်ကိုဆက်သလဲ။ ဖုန်းမှားနေတယ်လို့ထင်တယ်။
배고 셋?떠―ㄹ래: 퐁:(흐)마:네대―ㄹ로. 틴대

어디 전화하셨어요? 잘못 걸린 것 같습니다.

ဖုန်းနံပါတ်မှားတယ်။
퐁:낭밧? (흐)마:대

전화번호가 틀렸습니다.

4단계

문제 풀기

Ⅰ. 다음 빈칸에 알맞은 단어를 넣어 완성시키시오.

1. ကျွန်တော် ဒီကိစ္စနဲ့______________မဆိုင်ဘူး။
   (저는 이 일과 전혀 관련이 없습니다.)

2. မြန်မာအပြင်______________ပြည်ကိုမရောက်ဖူးဘူး။
   (미얀마를 제외한 다른 나라는 가 본적이 없습니다.)

3. သူအပြစ်မရှိခြင်းကို______________အခိုင်အမာပြောတယ်။
   (그는 명확하게 결백을 주장했다.)

4. ဒီနေ့အဝတ်______________ဝတ်တယ်။
   (오늘 새 옷을 입었다.)

5. ခင်ဗျား______________နောက်ကျကျလာတယ်။
(당신은 꽤 늦게 왔다.)

6. ______________ဖြစ်လာတယ်။
(엉망이 되어 간다.)

7. လုပ်နေတဲ့အလုပ်က______________လုပ်ပါ။
(하던 일을 계속하세요.)

8. သူ______________ငို______________တယ်။
(그는 갑자기 울기 시작했다.)

9. စာမေးပွဲ______________အောင်မြင်တယ်။
(시험에 가까스로 통과했다.)

10. ကိုယ်အလေးချိန်______________လာပြီ။
(몸무게가 더 늘어났다.)

Ⅱ. **다음 그림에 알맞은 미얀마어를 쓰시오.**

(머리) ______________

(눈) ______________

(눈썹) ______________

(코) ______________

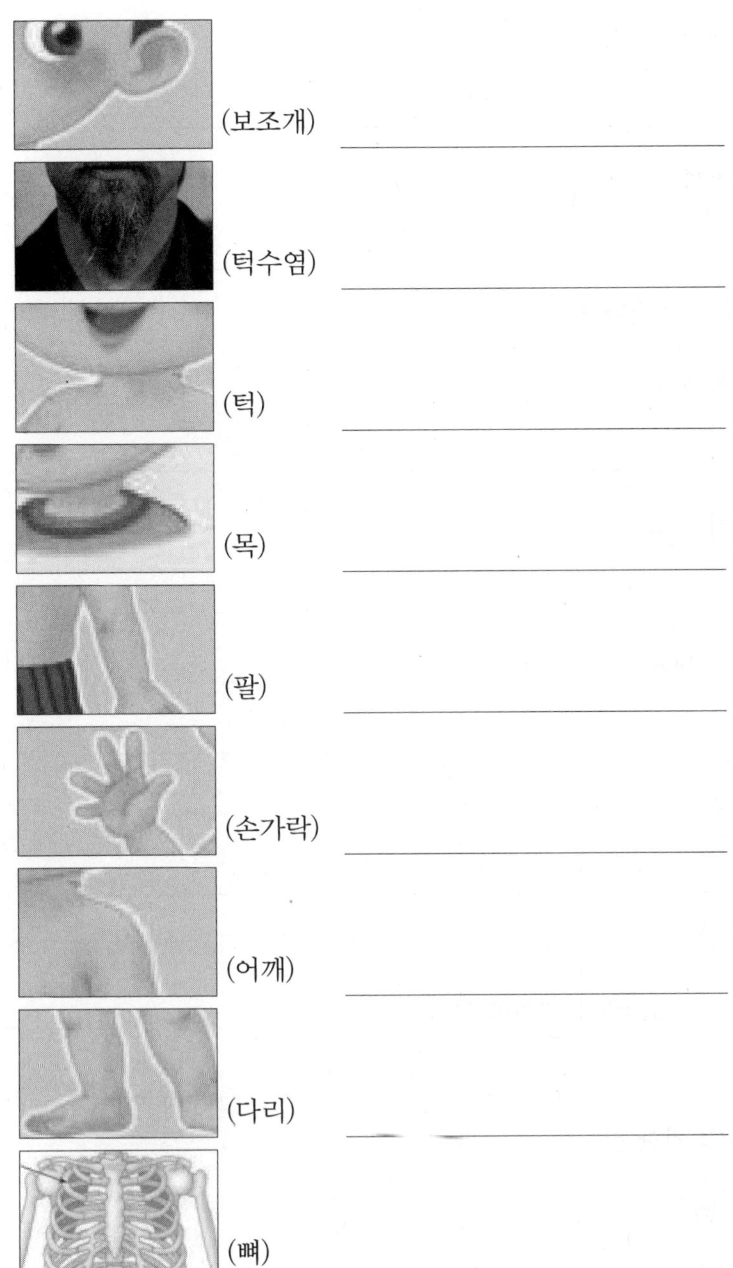

Ⅲ. 다음 문장을 미얀마어로 작문하시오.

1. 형은 자주 늦게 일어난다.

2. 체계적으로 생활하세요.

3. 신발이 반짝반짝 빛난다.

* တောက်တယ်။ 빛나다

4. 정확하게 말하세요.

5. 집에서 조용히 있었다.

6. 좀 빨리 따라오세요.

7. 즉시 경찰서로 가세요.

* ရဲစခန်း 경찰서

8. 빙판 길에서는 조심스럽게 걸어야 한다.

* ရေခဲပိုးလမ်း 빙판 길

9. 무심코 말을 했다.

10. 차가운 냉커피 한 잔 마시고 싶다.

သင်ခန်းစာ(၁၁)
မိသားစုဘယ်နှစ်ယောက်ရှိသလဲ။

※ 괄호 속 표현은 존칭의 의미로 생략가능

ခင်ဗျားမိသားစုဘယ်နှစ်ယောက်ရှိသလဲ။
커먀: 미.따:주. 배 (흐)너야웃? 시.더—ㄹ래:

လေးယောက်ရှိတယ်။
레: 야웃? 시.대

ကျွန်တော်ရယ်၊ ကျွန်တော်ရဲ့ဇနီးရယ်၊ သားသမီးတစ်ယောက်စီပါ။
쩌노 얘 쩌노얘. 저니:얘 따:더미: 떠 야웃?시바

အိမ်ထောင်ကျပြီလား။ အရွယ်တင်တယ်။
에잉다웅 짜. 비—ㄹ라: 어유웨 띤대

ကျွန်တော် စောစောစီးစီး အိမ်ထောင်ကျတယ်။
쩌노 쏘:조:시:지: 에잉다웅짜.대

ကျွန်တော့်သူငယ်ချင်းကတော့လူပျိုများတယ်။
쩌노. 떵얘진:가.도. 루뵤먀:대

အချို့ဟာ ကျွန်တော့်ကိုအားကျတယ်။
어초.하 쩌노.고 아:짜.대

ကျွန်တော်လဲခင်ဗျားကိုအားကျတယ်။
쩌노—ㄹ래: 커먀:고 아:짜.대

အမေက မိန်းမယူရမယ်လို့အမြဲတမ်းဆုံးမတယ်။
어메가. 메잉:마.유야.매—ㄹ로. 어매:당: 송:마.대

가족이 몇 명입니까?
네 명입니다.
저, 부인, 아들과 딸 한명씩입니다.
결혼했습니까? 어려보입니다.
제가 좀 일찍 결혼했습니다.
제 친구들은 총각들이 많습니다.
일부는 나를 부러워합니다.
저 또한 당신이 부럽습니다.
어머니는 결혼을 해야 한다고 항상 조언하십니다.

1단계

단어와 숙어 익히기

※ 동사에는 종조사 တယ်။가 붙는다.

လူပျို (노)총각 ↔ အပျို (노)처녀

ဆုံးမတယ်။ 충고하다, 조언하다

အားကျတယ်။ 부러워하다

2단계

문법 따라잡기

이번 과에서는 조사와 부조사의 종류와 쓰임을 배워본다. 미얀마어에서 조사는 생략해도 무방하지만, 하나의 조사에 여러 가지 뜻이 있으니 잘 알아두어야 한다.

1. 격조사: 명사 뒤에 붙어서 품사 간 관계를 나타낸다.

가. 명사+က: (주격) ~가(이), (출발, 출신) ~에서, (과거) ~부터, (소유) ~의

၁။ ကျွန်တော်က စား(သောက်)ကြည့်မယ်။ 제가 먹어보겠습니다.

၂။ မန္တလေးက လာတယ်။ (출발) 만달레에서 왔습니다.

၃။ မြန်မာနိုင်ငံက ကျောင်းသားတွေ စာသိပ်တော်တယ်။

(출신) 미얀마 학생들은 매우 똑똑합니다.

၄။ လွန်ခဲ့တဲ့ သုံးနှစ်က စလုပ်တယ်။ (과거) 3년 전부터 일을 했습니다.

၅။ ဟိုသစ်ပင်ဘယ်ဘက်ကအိမ်ကသူ့အိမ်ပါ။

(소유) 저 나무 왼쪽 집이 그의 집입니다.

၆။ (၂၀၀၅)ခုနှစ်က မြန်မာအစိုးရမြို့တော်ကိုရွှေ့ပြောင်းတယ်။

(과거) 2005년 미얀마정부는 수도를 옮겼습니다.

나. 명사+ ကို (목적) ~을(를), (여격) ~에, ~에게, (방향) ~으로, (횟수) 반복

၁။ ကျွန်တော် သူ့ကို မချစ်ဘူး။

(목적) 저는 그를 사랑하지 않습니다.

၂။ ကျွန်တော့်စကားကို သူနားမထောင်ဘူး။

(목적) 내 말을 그들은 듣지 않습니다.

၃။ သူတို့ကို ဒူးရင်းသီးကောင်းကောင်းတစ်လုံးပေးပါ။

(여격) 그에게 잘 익은 두리안 하나를 주세요.

၄။ မြန်မာနိုင်ငံကို ပို့ပေးမယ်။ (방향) 미얀마로 보내겠습니다.

၅။ နောက်ကို တစတစ တိုးတက်လာမယ်။

(반복) 다음에 점점 발전할 것입니다.

၆။ တနှစ်ကို သုံးကြိမ် စာမေးပွဲဖြေရမယ်။

(횟수) 일 년에 세 번 시험을 볼 겁니다.

다. 명사+ မှာ (시간, 장소, 소유) ~에서, ~에

၁။ ဘယ်မှာ ထမင်းစားသလဲ။ 어디에서 밥을 먹었습니까?

၂။ ကျိုက္ကဆံကွင်းမှာပြပွဲကျင်းပတယ်။

찌익께상운동장에서 전람회가 개최되었습니다.

၃။ မန္တလေးရထားဟာ မနက်ခြောက်နာရီမှာ ထွက်တယ်။

만달레헹열치가 아침6시에 출발했습니다.

၄။ ကျွန်တော့်မှာ သားသမီးနှစ်ယောက်ရှိတယ်။

저는 자식이 두 명 있습니다.

၅။ သူ့ဆီမှာ မြန်မာစာအုပ်တွေရှိတယ်။

그에게는 미얀마 책들이 있습니다.

라. 명사+နဲ့ ~와 ~(함께), (도구, 수단) ~로, (가격) ~로

၁။ ဇွန်းနဲ့ခက်ရင်းယူခဲ့ပါ။ 숟가락과 포크를 가져와라.

၂။ သူနဲ့ရှမ်းပြည်ကို ခရီးသွားမယ်။ 그와 함께 샨주로 여행을 갈 겁니다.

၃။ မီးရထားနဲ့လာတယ်။ 기차로 왔습니다.

၄။ အလံနဲ့သင်္ဘောဆိုက်နေတယ်။

깃발을 꽂은 배가 도착하고 있습니다.

၅။ ဟိုဆိုင်ကဘောင်းဘီတွေတစ်ခွန်းဈေးနဲ့ရောင်းတယ်။

저 가게는 바지를 정찰제로 판매합니다.

* 명사+(သို့)မဟုတ် ~ 또는(문중에 사용)

၁။ ဇွန်းသို့မဟုတ်ခက်ရင်းယူခဲ့ပါ။

숟가락 또는 포크를 가져와라.

마. 명사+ထက် (비교) ~보다

၁။ ရန်ကုန်က မန္တလေးထက်ကျယ်ပြန့်တယ်။

양공이 만달레보다 큽니다.

၂။ ကျွန်တော့်အစ်ကိုကတော့ကျွန်တော်ထက် သုံးနှစ်ကြီးတယ်။

저의 형이 저보다 세 살 더 많습니다.

* 앞서 배웠듯이 ထက်이 들어가지 않을 경우 ပို를 써서 비교급을 만들기도 한다.

예문 ရန်ကုန်က မန္တလေး ပိုကျယ်ပြန့်တယ်။

바. 명사+အထိ (거리, 시간) ~까지

၁။ ရန်ကုန်က မန္တလေးအထိကားနဲ့လာတယ်။

양공에서 만달레까지 차로 왔습니다.

၂။ ဆောင်းရာသီအထိ မိုးခဏခဏရွာလေ့ရှိတယ်။

건기까지 자주 비가 오곤 합니다.

2. 접속조사: 구 또는 절을 연결하는 역할을 하며, 동사(형용사) 뒤에 위치한다.

가. 동사+ရင် (가정, 조건) ~하면

၁။ ရန်ကုန်လာရင် ဦးလှဖေနဲ့ တွေ့နိုင်တယ်။

양공에 오면 흘라페씨를 만날 수 있습니다.

၂။ ကြိုးကြိုးစားစားလေ့လာရင် အောင်မြင်မယ်။

열심히 공부하면 성공할 겁니다.

나. 동사+ဖို့ (목적) ~하기 위해

၁။ ကျွန်တော်တို့ထမင်းစားဖို့သွားတယ်။

우리들은 식사하러(하기 위해) 갔습니다.

၂။ ဘာလုပ်ဖို့လာလဲ။

어떤 일로 왔습니까?

၃။ ဘယ်ဟာသယ်ဖို့ကျွန်းပင်လဲ။

어떤 것이 운반할 갈 티크입니까?

၄။ သူ့အိမ်မှာတည်းခိုဖို့အဆင်မပြေဘူး။

그의 집에 머무르는 것이 불편합니다.

* ဖို့는 동작의 목적, 즉 결과를 알 수 없는 상황을 의미한다.

၁။ စားဖို့ကောင်းတယ်။ 먹음직스럽다.(동작의 목적)

၂။ စားလို့ကောင်းတယ်။ 맛있다.(동작의 결과)

다. 동사+အောင် (목표) ~하도록

၁။ ခင်ဗျားနားလည်အောင်ကျွန်တော်ပြန်ပြောမယ်။

당신이 이해하도록 제가 다시 말씀드리겠습니다.

၂။ ကျွန်တော်တို့အဖွဲ့နိုင်အောင်အားပေးပါ။

우리 팀이 이기도록 성원해 주세요.

၃။ အင်္ဂလိပ်စကားတတ်အောင် လေ့လာပါ။

영어를 잘 하도록 공부하세요.

라. 명사+အတွက် (목표) ~하기 위해, (이유, 원인) ~ 때문에, (관점) ~에 있어서

၁။ ကျန်းမာရေးအတွက်အရက်နည်းနည်းသောက်ပါ။

건강을 위해 술을 조금 마십시오.

၂။ ခင်ဗျားအတွက်ကျွန်တော်မထွက်ဘူး။

당신 때문에 내가 출발하지 못했습니다.

၃။ ဒီဥစ္စာသူ့အတွက်ခက်မယ်။

이 문제는 그로서는 분명히 어려울 것입니다.

마. 동사+လို့ (이유, 원인) ~라고, ~때문에, (인용) ~라고, (결과) ~라고,

၁။ ကျန်းမာရေးမကောင်းလို့အရက်မသောက်တော့ဘူး။

건강이 좋지 않아 이제 술을 마시지 않습니다.

၂။ ဆရာ ဂျပန်သွားတယ်လို့ကြားတယ်။

선생님이 일본으로 갔다고 들었습니다.

၃။ ဒါကို မြန်မာလို သုံးဘီးကားလို့ခေါ်တယ်။

저 것을 미얀마어로 삼륜차라고 부릅니다.

၄။ ဟင်းစားလို့ကောင်းတယ်။

반찬이 맛있습니다.

* လို့가 붙는 종속절 일부는 숙어의 형태를 취한다.

၁။ ထွက်ပေါက်ကိုဝင်လို့မရဘူး။

(허가, 인정) 출구로 들어가서는 안 됩니다.

၂။ အေးအေးဆေးဆေးအိပ်လို့ဖြစ်တယ်။

(가능) 조용히 잠을 잘 수 있습니다.

၃။ အိမ်စာဖြေလို့မပြီးသေးဘူး။

(부정) 아직 숙제를 다 하지 못했습니다.

바. 동사+ပြီး (순접) ~하고/ 동사+မှ (순접) ~하고 난 뒤/ 동사+ရင်း (동시동작) ~하면서

၁။ အိမ်စာဖြေပြီးအပြင်မှာကစားသွားပါ။

숙제를 다 하고 나가서 놀아라.

၂။ အိပ်ရာထပြီးချက်ချင်းစောင်ခေါက်တယ်။

기상한 후 즉시 이불을 갰습니다.

၃။ အရုဏ်တက်ရောက်မှအိပ်ပျော်နိုင်တယ်။

새벽이 되어서야 비로소 잠을 잘 수 있었습니다.

၄။ စာအုပ်အားလုံးပြန်ဖတ်ပြီးမှသဘောပေါက်ပြီ။

책을 다시 읽고 나서야 이해했습니다.

၅။ စာဖတ်ရင်းတီဗွီမကြည့်ပါနဲ့။

책을 읽으면서 텔레비전을 보지 마세요.

၆။ လမ်းလျှောက်ရင်းဆေးလိပ်သောက်တယ်။

길을 걸으면서 담배를 피웠습니다.

사. 동사+ပေမဲ့ (역접) ~이(하)지만

၁။ ဒီဝတ္ထုသိပ်စိတ်ဝင်စားပေမဲ့ ပမာဏတော်တော်ရှည်တယ်။

이 소설은 흥미롭지만 양이 좀 깁니다.

၂။ မင်းကိုချစ်ပေမဲ့လက်မထပ်နိုင်ဘူး။

너를 사랑하지만 결혼은 할 수 없어.

아. မ+동사+ခင် (역접) ~하기 전

၁။ အိမ်မလာခင် ဝက်သားတစ်ပိဿာဝယ်လာပါ။

집에 오기 전에 돼지고기 1베잇따 사오세요.

၂။ တောင်မတက်ခင် ဘာမှမစားရဘူး။

등산하기 전 아무 것도 먹지 말아야 합니다.

၃။ မကြာခင်(또는 ခဏ) သူလာမယ်။

곧 그가 올겁니다.

자. မ+동사+ဘဲ(ပဲ) (역접) ~하지 않고

၁။ အမေထမင်းမစားဘဲ သားကိုစောင့်နေတယ်။

어머니는 식사를 하지 않고 아들을 기다립니다.

၂။ စကားမပြောဘဲ အလုပ်ဘဲလုပ်တယ်။

말을 하지 않고, 일만 합니다.

차. 동사+သလို (양태) ~처럼, ~대로

၁။ ခင်ဗျားကြိုက်သလိုယူပါ။

당신이 좋아하는 대로 가지세요.

cf〉 သူမင်းသမီးလိုလှတယ်။

그는 여배우처럼 아름답습니다.

*명사+လိုလို ~와 같은

၁။ မြွေလိုလိုရှည်ရှည်တိရစ္ဆာန်တစ်ကောင်တွေ့တယ်။

뱀처럼 긴 동물 한 마리를 봤습니다.

카. 동사1+동사1+ချင်း ~하자마자, ~한 직후

၁။ ရန်ကုန်ရောက်ရောက်ချင်းဖုန်းဆက်ပါ။

양공에 도착하자마자 전화하세요.

၂။ သူတို့တွေ့တွေ့ချင်းရည်းစားဖြစ်ကြတယ်။

그들은 만나자마자 애인이 되었습니다.

타. ~+동사1+동사1+ (양보) ~하더라도

၁။ ဘာအဝတ်ဖြစ်ဖြစ် ခင်ဗျားကြိုက်မယ်။

어떤 옷이라도 당신은 좋아할 겁니다.

၂။ စာကြည့်တိုက်မှာ စာအုပ်ငှားငှား၊ စာဖတ်ဖတ် နှစ်လုံးစလုံးလုပ်နိုင်တယ်။

도서관에서는 책을 빌리든지, 책을 읽든지 두 개 다 할 수 있습니다.

3. 부조사

가. 명사(대명사)+ ~ဟာ ~은(는), 반드시 주어의 위치에서만 사용함.

၁။ ရှမ်းတွေဟာ ဘောင်းဘီဝတ်ကြတယ်။

샨족들은 바지를 입습니다.

၂။ မန္တလေးမြို့ဟာ မြန်မာနိုင်ငံရဲ့မြို့တော်ဟောင်းဖြစ်တယ်။

만달레시는 미얀마의 옛 수도입니다.

၃။ ဆရာရဲ့အိမ်ဟာ ဘယ်မှာလဲ။

선생님 댁은 어디입니까?

나. 명사(대명사)+ ~လဲ(လည်း) ~도

၁။ ကျွန်တော်လဲသိတယ်။

저도 압니다.

၂။ ရန်ကုန်ကလဲ လာကြတယ်။

양공에서도 왔습니다.

၃။ ခဲတံနဲ့လဲရေးပါ။
연필로도 쓰세요.

၆။ ကျောင်းသားတွေဟာလဲ မနက်ဖြန်လာကြမယ်။
학생들도 내일 올 겁니다.

다. 명사(대명사)+ ~တော့ (대비, 강조) ~은, (새로운 상황, 국면) ~이면, ~라면

၁။ အင်္ဂလိပ်စာအုပ်တွေတော့ ရှိတယ်။
영어책들이라면(도) 있습니다.

၂။ သူကိုတော့မပြောနဲ့။
그에게라면 말하지 마세요.

၃။ ရွာမှာတော့ရမယ်။
마을에서라면 얻을 겁니다.

၄။ လေယာဉ်ပျံနဲ့တော့ ရောက်ဘူးတယ်။
비행기로는 가 본적이 있습니다.

* 명사+ကတော့ (대비, 강조) ~은, 는

၁။ သူကတော့ ဒီအကြောင်းမသိဘူး။
그는 이 사실을 모릅니다.(그를 제외한 다른 사람은 알 수도 있음.)

၂။ ရန်ကုန်က မြို့တော်မဟုတ်ဘူး။ နေပြည်တော်ကတော့
မြို့တော်အသစ်ပါ။
양공은 수도가 아닙니다. 네삐도가 새로운 수도입니다.

라. 명사(대명사)+ ~သာ 또는 ပဲ(ဘဲ) (강조) ~만, ~밖에

၁။ အင်္ဂလိပ်စာအုပ်သာ ဖတ်တယ်။
영어책만 읽었습니다.

၂။ အင်္ဂလိပ်စာအုပ်ပဲ ဖတ်တယ်။
영어책만 읽었습니다.

* 명사(사람 수)+တည်း[htɛ:] ~만
၁။ ကျွန်တော်တို့ နှစ်ယောက်တည်းလာတယ်။
우리 둘만 왔습니다.

마. 명사(대명사)+ ~ကော (대비의문) ~은?

၁။ ကျွန်တော် ဈေးသွားမယ်။ ခင်ဗျားကော(သွားမလား)။
저는 시장에 갈 겁니다. 당신은요?

၂။ ရွာမှာရှိတယ်။ မြို့မှာကော(ရှိသလား)။
마을에는 있습니다. 도시에는요?

바. 명사(대명사)+ ~တောင် ~조차

၁။ ကလေးတောင်သိတယ်။	아이들조차도 압니다.
၂။ သူ့ကိုတောင် ပြောသေးတယ်။	그에게조차도 말하지 않았습니다.
၃။ ဗန်ကောက်မှာတောင် မရနိုင်ဘူး။	방콕에서조차도 구할 수 없습니다.

사. 명사(대명사)+ ~မှ (부정) 전혀 ~없다

၁။ ဘာမှမရှိဘူး။
아무것도 없습니다.

၂။ အခန်းထဲမှာ လူတယောက်မှ မရှိဘူး။
방에는 사람이 한 명도 없습니다.

아. 명사(대명사)+ ~ နဲ့ပတ်သက်ပြီး ~에 관해서

၁။ ဒီကွန်ပျူတာနဲ့ပတ်သက်ပြီးရှင်းပြမယ်။

이 컴퓨터에 대해 설명하겠습니다.

၂။ သူနဲ့ပတ်သက်ပြီး ကျွန်တော်သိတာသိပ်မရှိဘူး။

그에 관해서 저는 아는 바가 없습니다.

자. 명사(대명사)+ ~ အနေနဲ့ 또는 ဖြင့် (자격) ~로서

၁။ ကျွန်တော်အနေနဲ့ကူညီပေးစရာလုံးဝမရှိဘူး။

저로서는 도와드릴 것이 전혀 없습니다.

၂။ ကျွန်တော်ဖြင့်ကူညီပေးစရာလုံးဝမရှိဘူး။

저로서는 도와드릴 것이 전혀 없습니다.

차. 명사(대명사)+ ~ က လွဲပြီး 또는 ~ က လွဲလို့ 또는 ~ အပြင် ~을(를) 제외하고

၁။ ကျွန်တော်ကလွဲပြီး အားလုံးနောက်ကျတယ်။

나를 제외하고 모두 늦었습니다.

၂။ ကျွန်တော်အပြင် အားလုံးနောက်ကျတယ်။

나를 제외하고 모두 늦었습니다.

* 명사(대명사)+ ~ က လွဲရင် ~을 제외하면

၁။ ထမင်းပေါင်းကလွဲရင် စားစရာမရှိဘူး။

덮밥을 제외하면 먹을 것이 없습니다.

카. 명사(대명사)+ ~ ရယ် (열거) ~도, ~도

၁။ ဆရာရယ်၊ မောင်ဘရယ်၊ မမြရယ် ဖိတ်တယ်။

선생님, 마웅 바, 마 먀도 초대했습니다.

၂။ ထမင်းကြော်ရယ်၊ ခေါက်ဆွဲရယ်၊ အချိုရည်ရယ် မှာပြီ။
볶음밥, 국수, 음료수도 주문했습니다.

타. 기타

(1) 명사(대명사)+ ~ အစား ~대신에

၁။ လိမ္မော်သီးအစားသံပရာသီးဝယ်တယ်။

오렌지대신 라임을 샀습니다.

(2) 명사(대명사)+ ~ အရ 또는 အတိုင်း ~의하면, ~따라, ~따르면

၁။ အခြေခံဥပဒေအရ သမ္မတက နိုင်ငံခေါင်းဆောင်ပါ။

헌법에 따라 대통령이 국가수장입니다.

၂။ မြန်မာဓလေ့အတိုင်းဦးချတယ်။

미얀마 전통에 따르면 우차입니다.

* 명사(대명사)+ ~ တိုင်း ~마다

၁။ လတိုင်းဗူဆန်ကိုသွားတယ်။

매달 부산을 갑니다.

(3) 명사(대명사)+ ~ အလိုက် ~에 따라서

၁။ အခြေခံဥပဒေအရအလိုက် စည်းကမ်းရှိရမယ်။

헌법에 따라서 규율이 있어야 합니다.

4. 동물

ထီး[hti:](အထီး) 수컷

မ[ma.] 암컷

ကုလားအုတ်[kəla:ouʔ] 낙타

ကြက်[kyɛʔ] 닭

ကြွက်[kywɛʔ] 쥐

ကျား[kya:]	호랑이
ကျွဲ[kywɛ:]	물소
ကြောင်[kyaun]	고양이
ခြင်[chin]	모기
ခြင်္သေ့[chindhe.]	사자
ခွေး[hkwe:]	개
ငါး[ŋa:]	생선
ငှက်[hnɛʔ]	새
ဆင်[hsin]	코끼리
ဆိတ်[hseiʔ]	염소
တောက်တဲ့[tauʔdɛ.]	도마뱀
နွား[nwa:]	소
ပုရွက်ဆိတ်[pəywɛʔhseiʔ]	개미
ဘဲ[bɛ:]	오리
မိကျောင်း[mi.gy(j)aun:]	악어
မျောက်[myauʔ]	원숭이
မြွေ[mwe]	뱀
မြင်း[myin:]	말
ယင်ကောင်[yingaun]	파리
ဝံပုလွေ[wunbulwe]	늑대
ဝက်[wɛʔ]	돼지
ဝက်ဝံ[wɛʔwun]	곰
သိုး[thou:]	양
အိမ်မြှောင်[einhmyaun]	집도마뱀

표현 따라하기

ခင်ဗျားမိသားစုဘယ်နှစ်ယောက်ရှိသလဲ။
커먀: 미.따:주. 배 (흐)너야웃? 시.더ㅡㄹ래:
가족이 몇 명입니까?

လေးယောက်ရှိတယ်။
레: 야웃? 시.대
네 명입니다.

အိမ်ထောင်ကျပြီလား။
에잉다웅 짜. 비ㅡㄹ라:
결혼했습니까?

အိမ်ထောင်ကျပြီးပြီ။
에잉다웅 짜. 비:비
결혼했습니다.

အိမ်ထောင်မကျသေးဘူး။
에잉다웅 머 짜. 데:부:
아직 결혼 안했습니다.

မောင်နှမဘယ်နှစ်ယောက်ရှိသလဲ။
마웅(흐)너마.배 (흐)너야웃? 시.더ㅡㄹ래:
형제자매가 몇 명입니까?

အကိုတစ်ယောက်နဲ့ညီမတစ်ယောက်ရှိတယ်။
어꼬 떠야웃? 내. 니마.떠야웃? 시.대
형(오빠) 한명과 여동생 한 명이 있습니다.

မောင်နှမမရှိဘူး။
마웅(흐)너마.머시.부:
형제자매가 없습니다. 저 혼자입니다.

ဘာဖြစ်လို့လက်မထပ်သေးတာလဲ။
바핏?로. 렛?머탓?데:다ㅡㄹ래:
왜 아직까지 결혼을 하지 않았습니까?

မကြာခင် လက်ထပ်မယ်။ စေ့စပ်ထားတယ်။
머짜깅 렛?탓?매 세.잣?타:대
곧 결혼할 겁니다. 약혼했습니다.

4단계

문제 풀기

I. **다음 빈칸에 알맞은 단어를 넣어 완성시키시오.**

1. ကျွန်တော် မော်လမြိုင်_______________လာတယ်။
(저는 몰러먀잉 출신입니다.)

2. ခဲတံ_______________ကျောင်းသား ဘယ်မှာရှိသလဲ။
(연필을 든 학생이 어디 있습니까?)

3. အခု ဆရာဆီ_______________လာမယ်။
(지금 선생님께 가겠습니다.)

4. ဒီနေ့အဝတ်_______________ဝတ်တယ်။
(오늘 새 옷을 입었다.)

5. ရန်ကုန်ရောက်_______________ဖုန်းဆက်ပါ။
(양공에 도착하자마자 전화하세요.)

6. ဘောလ်ပင်_______________ဖောင်တိန်ကိုပေးပါ။
(볼펜 아니면 만년필을 주세요.)

7. ဒီအကြောင်း_______________မသိသေးဘူး။
(이 사실조차 몰랐습니다.)

8. ဒီကွန်ပျူတာ_______________ရှင်းပြမယ်။
(이 컴퓨터에 대해 설명하겠습니다.)

9. ဒီအခန်း______________ဘယ်သူ______________မရှိဘူး။
(이 방에는 아무도 없습니다.)

10. ထမင်း______________ခေါက်ဆွဲစားတယ်။
(밥 대신 국수를 먹었습니다.)

Ⅱ. **다음 문장을 한국어로 옮기시오.**

၁။ မြန်မာနိုင်ငံက ဆန်စားလို့ကောင်းတယ်။

____

၂။ နောက်ဆုံး သူ့ကိုမတွေ့တော့ဘူး။

____

၃။ တနှစ်ကို သုံးကြိမ် စာမေးပွဲဖြေရမယ်။

____

၄။ သူ့ဆီမှာ မြန်မာစာအုပ်တွေရှိတယ်။

____

၅။ ဟိုဆိုင်ကဘောင်းဘီတွေတစ်ခွန်းဈေးနဲ့ရောင်းတယ်။

____

၆။ ရန်ကုန်လာရင် ဦးလှဖေနဲ့ တွေ့နိုင်တယ်။

____

၇။ ပုဂံကိုအလည်လာဖို့စီစဉ်ထားတယ်။

____

၈။ ခင်ဗျားနားလည်အောင်ကျွန်တော်ပြန်ပြောမယ်။

____

၉။ အေးအေးဆေးဆေးအိပ်လို့ဖြစ်တယ်။

____

၁၀။ ထမင်းမစားခင် လက်ဆေးရတယ်။

____

၁၁။ ကိုးကွယ်တဲ့ဘာသာအလိုက် ရှိခိုးကြတယ်။

____

၁၂။ ဘာအဝတ်ဖြစ်ဖြစ် ခင်ဗျားကြိုက်မယ်။

____

၁၃။ လေယာဉ်ပျံနဲ့တော့ ရောက်ဖူးတယ်။

____

၁၄။ ကျွန်တော်တို့ နှစ်ယောက်တည်းလာတယ်။

____

၁၅။ ကျွန်တော်ဖြင့်ကူညီပေးစရာလုံးဝမရှိဘူး။

____

Ⅲ. 다음 문장을 미얀마어로 작문하시오.

1. 검은 옷을 입은 사람이 제 형입니다.

____

2. 일본에 다녀올 일이 있습니다.

____

3. 시험이 끝날 때까지 집중했습니다.

____

* အာရုံစိုက်တယ်။ 집중하다

4. 아이 때문에 외출을 못했습니다.

____

5. 늦지 않도록 준비하세요.

____

* ပြင်ဆင်တယ်။ 준비하다

6. 밥 먹자마자 눕지 마세요.

____

* လှဲတယ်။ 눕다

7. 이 식당에는 볶음밥이면 볶음밥, 국수면 국수 모두 먹을 수 있습니다.

____

8. 미얀마어라면 조금 할 수 있습니다.

____

9. 저는 학교에 갈 예정입니다. 당신은요?

____

10. 이 약에 관해 설명해 주세요.

____

* ရှင်းပြတယ်။ 설명하다

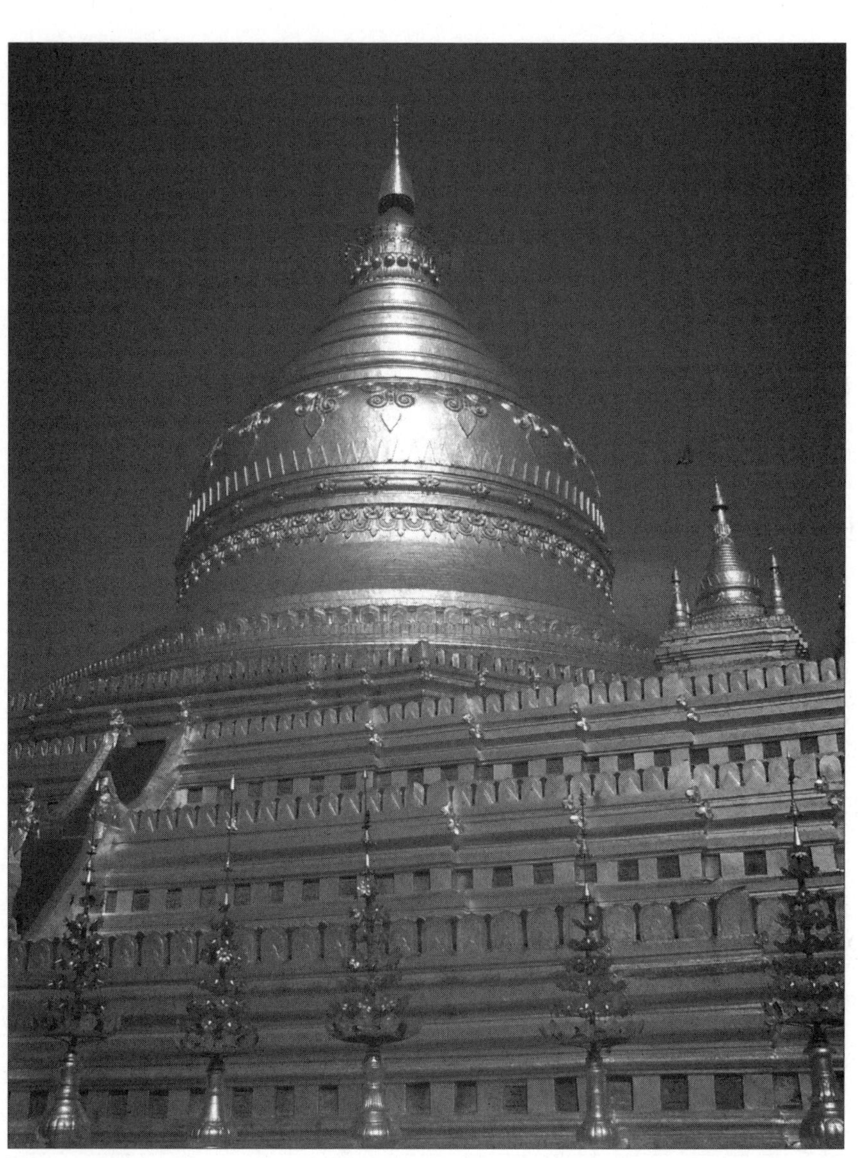

꽁먹고 알먹는 미얀마어 첫걸음

부록 1. 구어체와 문어체의 대조

부록 2. 문제 풀기 정답

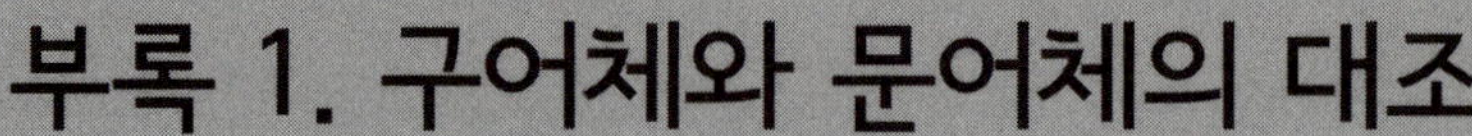

부록 1. 구어체와 문어체의 대조

1. 격조사의 대조

	주격	목적격	처소격	도구, 수단, 원인
口	က၊ ဟာ	ကို	မှာ	နဲ့
文	သည်၊ မည်မှာ 주격 မှ 기점	ကို 목적 အား 여격 သို့ 방향	မှာ၊ တွင်၊ ၌	နှင့်၊ ဖြင့် 도구, 수단, 원인

၁။ ကျွန်တော်သည် ရန်ကုန်မှလာသည်။

저는 양공 출신입니다.

၂။ သူ့အားတောင်သို့သွားရန်ကြေညာပါ။

그가 산으로 가도록 알리십시오.

၃။ ကျောင်း၌ ကျောင်းသားများမရှိပါ။

학교에 학생들이 없습니다.

၄။ ခဲတံနှင့်စာရေးသည်။

연필로 편지를 썼습니다.

၅။ မြေအောက်ရထားဖြင့်လာသည်။

지하철로 왔습니다.

2. 종조사의 대조

	단순 종조사	미래(의지)	경험	부정형	명령형	금지명령형
口	တယ်	မယ်	ပြီ	မ---ဘူး	V/ Vပါ။ Vလိုက်။	မ---နဲ့
文	သည်၊ ၏	မည် 목적 အံ့ 특정 표현	ပြီ	မ---	မ---နှင့်	မ---နှင့်

၁။ ကျွန်တော်သည် ကျောင်းသားဖြစ်သည်။

저는 학생입니다.

၂။ နေပြည်တော်မြို့မှ ကြိုဆိုပါ၏။

네삐도에 (오신 것을) 환영합니다.

၃။ မနက်ဖြန် ဆရာကိုတွေ့မည်။

내일 선생님을 만날 것입니다.

၄။ ခေတ်မီဖွံ့ဖြိုးတိုးတက်နိုင်ငံတစ်နိုင်ငံတည်ဆောက်အံ့။

근대적 발전국가를 수립하자.

၅။ သူသည် ကျောင်းမတက်(ပါ)။

그는 학교에 가지 않았습니다.

၆။ ဆေးလိပ်မသောက်နှင့်။

금연하세요!

3. 대명사(지시대명사)의 대조

	근칭지시사	근칭지시사	원칭 지시사	의문사	의문사
口	ဒီ 이것 ဒါ 저것	အဲဒီ 언급한 이것 အဲဒါ 언급한 저것	ဟို 저것	ဘာ 무엇 ဘယ် 어떤	ဘယ်လောက် 수량
文	ဤ၊ သည်	ထို၊ ယင်း၊ ၎င်း[ləgaun:]	ထို	မည်သည် အဘယ်	မည်မျှ၊ အဘယ်မျှ

၁။ ဤပန်းသည် ထိုပန်းထက် လှသည်။

이 꽃이 저 꽃보다 예쁩니다.

၂။ မြန်မာနိုင်ငံမြေပုံယူခဲ့သည်။ ၎င်းကို ဖြန့်ချ၍မြစ်ကြီးနားကိုရှာပါ။

미얀마 지도를 가져오세요. 그것을 펴고, 밋찌나를 찾으세요.

၃။ မည်သည့်ကိစ္စရှိသနည်း။

무슨 일이 있습니까?

၄။ အဘယ် စာအုပ်ဝယ်ချင်သနည်း။

어떤 책을 사고 싶습니까?

၅။ ခင်ဗျား မည်သူ(အဘယ်သူ)ကို ကြိုက်သနည်း။

당신은 누구를 좋아합니까?

၆။ သည်ခဲတံမည်မျှ(အဘယ်မျှ)သနည်း။

이 연필은 얼마입니까?

၇။ ထိုပန်းသီးမည်မျှချိုသနည်း။

그 사과는 얼마나 답니까?

၈။ ခင်ဗျား အဘယ်သို့ခရီးသွားမည်နည်း။

당신은 어디로 여행할 것입니까?

၉။ ဤ(ကဲ့)သို့ မလုပ်နှင့်။

이렇게 하지 마세요!

4. 의문종조사의 대조

	단순 의문문	미래 의문문	단순 부정의문문	의문사 의문문	의문사 부정의문문	감탄문
口	– လား	– မလား	မ –––ဘူးလား	သလဲ	မလဲ	– ပါကလား
文	– လော	– မလော	မ –––သလော	သနည်း	မည်နည်း၊ အံ့နည်း	– ပါတကား

၁။ သူသည် ကျောင်းတက်သလော။

그는 등교했습니까?

၂။ နောက်နှစ်မြန်မာနိုင်ငံသို့သွားမလော။

내년에 미얀마를 갈 것입니까?

၃။ ဆရာမမရှိသလော။

선생님이 안계십니까?

၄။ အဘယ် စာအုပ်ဝယ်ချင်သနည်း။

어떤 책을 사고 싶습니까?

၅။ အဘယ် သောက်မည်နည်း။

무엇을 마시겠습니까?

၆။ ပန်းများပါတကား။

꽃이 많구나!

5. 연체형(수식형)의 대조

	현재형 (동사)	현재형 (명사)	현재형		강조	미래형
口	- တဲ့	- ရဲ့	- ဆိုတဲ့	- ဆိုတာ	- ဘဲ(ပဲ) - တာဘဲ(ပဲ)	မယ့်
文	- သည့် - သော	- ၏	- ဟူသော - မည်သော	- ဟူသည် - မည်သည်	- တည်း[htɛ:] - သတည်း	မည့်

၁။ သွားရမည့် ကိစ္စရှိသည်။
갈 일이 있습니다.

၂။ စာသင်ပေးသည် ဆရာ၏တာဝန်ဖြစ်သည်။
가르치는 것이 선생님의 의무입니다.

၃။ ဆေးဘဲဥသုပ်ဟူသည့်အစားအစာကိုစားဖူးသည်။
삭은 오리알이라는 음식을 먹어본 적이 있습니다.

၄။ ကျွန်တော်တည်းစာမေးပွဲအောင်သည်။
나만 시험에 합격했습니다.

၅။ ထမင်းစားမည့်ဧည့်သည်များစောင့်နေသည်။
식사할 손님들이 기다리고 있습니다.

6. 명사화접미사의 대조

	주격	보어	~라는 것	인용, 원인	목적, 이유
口	– တာ – မှာ	– တာ – မှာ(ကို)	– ဆိုတာ	– လို့	– ဖို့၊ အောင် – အတွက်
文	– သည် – မည်မှာ	– သည် – မည်ကို	– ဟူသည် – မည်သည်	– ဟု၊ – ဟူ၍ 인용 – ၍ 원인	– ရန် – သဖြင့်

၁။ ဆေးလိပ်သောက်ခြင်းသည် ကျန်းမာရေးသဖြင့်မကောင်း(ပါ)။

흡연은 건강에 좋지 않습니다.

၂။ ခွေးဟူသည်တိရစ္ဆာန်တစ်မျိုးဖြစ်သည်။

개는 동물은 개의 한 종류입니다.

၃။ ဆရာသည် "လိုက်ဆိုပါ" ဟုပြောသည်။

선생님이 "따라 읽어"라고 말했습니다.

၄။ ထိုဝက်သားဟင်းသည် စား၍အလွန်ကောင်းသည်။

이 돼지고기 요리는 매우 맛있습니다.

၅။ ထမင်းစားရန်ပြင်ဆင်ပြီး၏။

식사 준비가 다 되었습니다.

7. 절을 만드는 접사의 대조

	순접	강조, 대비	역접	조건	동시동작	관용적 표현
口	– ပြီး	– တော့	– ပေမဲ့	– ရင်	– ရင်း	မ–ခင် VVချင်း
文	– ၍ – က	– သော်	– သော်လည်း	– လျှင်[hlyin]	– လျက်	မ–မီ Vလျှင်Vခြင်း

၁။ ထမင်းစား၍ လမ်းလျှောက်သွားသည်။

식사를 한 뒤 산책을 했습니다.

၂။ တံခါးဖွင့်ကာဝင်လာသည်။

문을 열고 들어왔습니다.

၃။ ရထားနှင့်သော်ရောက်ဖူးသည်။

기차로는 가본 적이 있습니다.

၄။ ထမင်းအများစားသော်လည်းဗိုက်ဆာသေးသည်။

밥을 많이 먹었지만 배가 고픕니다.

၅။ ကျောင်းသို့သွားလျှင်ဆရာတွေ့နိုင်သည်။

학교에 가면 선생님을 뵐 수 있습니다.

၆။ ထမင်းစားလျက်စကားမပြောရနှင့်။

밥을 먹으면서 말 하지 마세요!

၇။ မကြာမီလေယာဉ်ပျံဆိုက်ရောက်မည်။

곧 비행기가 도착할 것입니다.

၈။ ရေကူးကန်ရောက်လျှင်ရေကူးသည်။

수영장에 도착하자마자 수영을 했습니다.

8. 접속사의 대조

	순접	결과	이유, 원인	역접	양자택일
口	ဒါကြောင့်	အဲဒါကြောင့်	ဘာကြောင့်	ဒါပေမယ့်(မဲ့)	-V မဟုတ်(ရင်)
文	ထို့ကြောင့် ထိုကြောင့်	ထို့ကြောင့် ထိုကြောင့်	အဘယ်ကြောင့်	သို့သော်လည်း သို့ရာတွင်	-V သို့မဟုတ်(လျှင်)

၁။ လေပြင်းထန်စွာတိုက်သည်။ ထို့ကြောင့်တံခါးပိတ်လော့။

바람이 심하게 분다. 그래서 문을 닫아라.

၂။ အဘယ်ကြောင့်ငါ့ကိုကြည့်သနည်း။

무엇 때문에 나를 쳐다봅니까?

၃။ ထိုစာအုပ်ကို နှစ်ခါသုံးခါဖတ်သည်။ သို့သော်လည်းလုံးဝနားမလည်။

그 책을 두 번, 세 번 읽어봤습니다. 그러나 전혀 이해되지 않습니다.

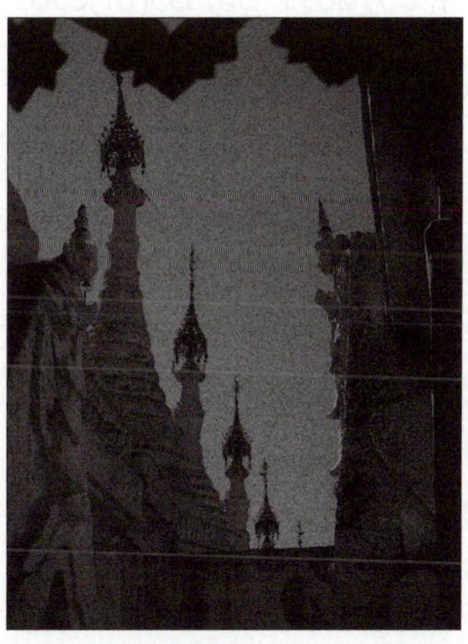

부록 2. 문제 풀기 정답

1과 정답

Ⅰ. **다음 빈칸에 알맞은 단어를 넣어 완성시키시오.**

1. မင်္ဂလာပါ။ (안녕하세요)
2. မနက်ဖြန် ပြန်တွေ့ပါ့မယ်။ (꼭 내일 다시 뵙겠습니다.)
3. ကျေးဇူးတင်ပါတယ်။ (감사합니다.)
4. ကျေးဇူးအများကြီးတင်ပါတယ်။ 또는 အများကြီးကျေးဇူးတင်ပါတယ်။
5. ကောင်း(ပါ)ပြီ။ (인사를 받은 측) 안녕히 가세요.
6. ရ(ပါ)တယ်။ (천만해요.)
7. တွေ့ရတာ ဝမ်းသာ(ပါ)တယ်။ (만나서 반갑습니다.)
8. မတွေ့ရတာ ကြာ(ပါ)ပြီ။ (오랜만입니다.)
9. အလုပ်များနေလို့ပါ။ (바빴습니다.)
10. ကြိုဆို(ပါ)တယ်။ (환영합니다.)

Ⅱ. **서술문의 형태에 유의하여 다음 문장을 한국어로 옮기시오.**

1. သူ ကျွန်တော့်ညီမ မစုစုပါ။

   그는 나의 여동생 수수입니다.

2. ရှော့၊ ခဲတံ။

   여기. 연필

3. ပုစွန်ထမင်းကြော် စားတယ်။

새우볶음밥을 먹었습니다.

4. မနေ့က ကျွန်တော်တို့ အတူတူရုပ်ရှင်ကြည့်တယ်။

어제 우리는 함께 영화를 보았습니다.

5. ဒီနေ့ည ခင်ဗျားနဲ့ ထမင်းစားပါ့မယ်။

오늘 밤 당신과 식사를 할 것입니다.

6. သူ စာကြည့်တိုက်မှာ ရှိမယ်။

그는 도서관에 있을 것입니다.

7. သူ စားသောက်ဆိုင်မှာ ရှိတယ်။

그는 식당에 있습니다.

8. မောင်အောင်ကျော် စာတိုက်ကို မသွားဘူး။

아웅쪼는 우체국에 가지 않았습니다.

9. သူ စာမကြိုးစားဘူး။

그는 열심히 공부하지 않습니다.

10. မနုနု ထမင်းမချက်တတ်ဘူး။

누누는 요리를 할 수 없습니다.

Ⅲ. **서술문의 형태에 유의하여 다음 문장을 미얀마어로 작문하시오.**

1. 너의 임무는 이 것 뿐이다.

ခင်ဗျားတာဝန်က အဲဒါ(ပါ)ပဲ။

* 임무: တာဝန်

2. 우리는 한국사람이다.

ကျွန်တော်တို့ ကိုရီးယားလူမျိုးပါ။

* 한국사람: ကိုရီးယားလူမျိုး

3. 나는 국수를 좋아하지 않는다.

ကျွန်တော်ခေါက်ဆွဲကို မကြိုက်ဘူး။

* 국수: ခေါက်ဆွဲ

4. 저의 아버지는 서점에서 일하신다.

ကျွန်တော့်အဖေက စာအုပ်ဆိုင်မှာ အလုပ်လုပ်တယ်။

* 서점: စာအုပ်ဆိုင်

5. 나는 내일 그를 꼭 만날 것이다.

ကျွန်တော် မနက်ဖြန် သူကို တွေ့ပါ့မယ်။

ကျွန်တော်와 မနက်ဖြန်은 순서 변경해도 무방함.

6. 나는 내일 도서관에 있을 것 같다.

ကျွန်တော် မနက်ဖြန် စာကြည့်တိုက်မှာ ရှိမယ်။

7. 어제 우리는 밥을 같이 먹었다.

မနေ့က ကျွန်တော်တို့ အတူတူ ထမင်းစားတယ်။

8. 이 사람은 나의 형이 아니다.

ဒီလူက ကျွန်တော့်အကို မဟုတ်ဘူး။

9. 이 일은 수용될 수 없다.

ဒီကိစ္စ လက်မခံဘူး။

10. 너는 책을 읽지 않았다.

ခင်ဗျား စာအုပ်မဖတ်ဘူး။

2과 정답

I. 다음 빈칸에 알맞은 단어를 넣어 완성시키시오.

1. ရန်ကုန်အထိ ဘယ်လောက် 또는 ဘယ်အချိန်(လောက်) ကြာမလဲ။

   (양공까지 얼마 걸립니까?-시간)

2. ခင်ဗျားလိပ်စာ ဘာလဲ။ (당신의 주소는 무엇입니까?)

3. ဟိုလူက မစ္စတာကင်(မ်) မဟုတ်ဘူးလား ။

   (그 사람이 미스터 김 아닙니까?)

4. ဘယ်တော့ အိမ်ပြန် မလဲ။ (언제 집에 갈 겁니까?)

5. အိမ်စာ အားလုံး ပြီးပြီလား။ (숙제는 다 했습니까?)

6. ကျွန်မပြောတာ တကယ် နားလည်သလား။

   (제가 한 말을 정말 이해하십니까?)

7. လာ မယ့် တနင်္ဂနွေနေ့က ခင်ဗျားမွေးနေ့ လား။

   (오는 일요일이 당신의 생일입니까?)

8. ဘယ်တုန်းက မြန်မာကို ရောက် ဖူးလဲ။

   (언제 미얀마를 방문해 보았습니까?)

9. ခင်ဗျားအမဟာ ဘယ်မှာ ရှိ(သ)လဲ။ (당신 누이는 어디에 있습니까?)

10. ဟိုဘက်ကို ဘယ်လို သွားရ မလဲ။ (거기는 어떻게 갑니까?)

II. 의문문의 의문사에 유의하여 다음 문장을 한국어로 옮기시오.

1. မြန်မာကို ဘာနဲ့လာသလဲ။

   미얀마에 어떻게(운송수단)으로 오셨습니까?

2. လက်မှတ်ဘယ်မှာဝယ်သလဲ။

   표를 어디서 삽니까?(샀습니까?)

3. ပုစွန်ထမင်းကြော် အရသာရှိသလား။

새우볶음밥은 맛이 좋습니까?

4. မနေ့က သူနဲ့လျှောက်လည်ခဲ့လား။

어제 그와 놀았습니까?

5. ဦးသိန်းစိန်က မြန်မာနိုင်ငံတော် သမ္မတမဟုတ်ဘူးလား။

떼잉쎄인은 미얀마의 대통령 아닙니까?

6. ကျွန်မ ရှင့်ချစ်တယ်ဆိုတာ ဘယ်လိုသိလဲ။

내가 당신을 사랑하는 것을 어떻게 알았습니까?

7. စားသောက်ဆိုင်ဘယ်မှာရှိသလဲ။

식당은 어디에 있습니까?

8. စာအိတ်ထဲမှာ ဘာရှိသလဲ။

가방에 무엇이 있습니까?

9. သူ ဘာမှမလုပ်ဘူးလား။

그는 아무 것도 하지 않습니까?

10. ဆူးလေဘုရားနားက ပန်းခြံဟာ လွတ်လပ်ရေးပန်းခြံလား။

술래파고다 근처의 공원은 독립공원입니까?

Ⅲ. 의문사의 형태에 유의하여 다음 문장을 미얀마어로 작문하시오.

1. 지금 몇 시입니까?

အခု ဘယ်နှစ်နာရီထိုးပြီလဲ။ 또는 အခု ဘယ်နှစ်နာရီရှိပြီလဲ။

2. 오늘은 무슨 요일입니까?

ဒီနေ့ ဘာနေ့လဲ။

3. 당신은 국수를 좋아합니까?

ခင်ဗျား ခေါက်ဆွဲကို မကြိုက်ဘူးလား။

4. 당신은 커피를 마시지 않았습니까?

ခင်ဗျား ကော်ဖီကို မသောက်တော့ဘူးလား။

* 커피: ကော်ဖီ

5. 내일 그를 만날 것입니까?

မနက်ဖြန် သူကို တွေ့မလား။

6. 백화점은 어디로 가야합니까?

ကုန်တိုက်ကို ဘယ်ကနေ သွားရမလဲ။

* 백화점: ကုန်တိုက်

7. 비빔밥은 어떻게 먹어야 합니까?

ထမင်းသုပ်ကို ဘယ်လိုစားရ(သ)လဲ။

* 비빔밥: ထမင်းသုပ်

8. 아주 아름다운 저 꽃의 이름은 무엇입니까?

သိပ်လှတဲ့ အဲဒီပန်း နာမည်(က) ဘာလဲ။

9. 제가 말한 것을 이해하지 못하겠습니까?

ကျွန်မပြောတာ နားမလည်ဘူးလား။

10. 너는 언제부터 금연을 했지?

ခင်ဗျား ဘယ်တုန်းကစပြီး ဆေးလိပ်ဖြတ်တာလဲ။

3과 정답

Ⅰ. 다음 빈칸에 알맞은 단어를 넣어 완성시키시오.

1. မနက်စာကို ပေါင်မုန့်စားကြရအောင်။ (아침은 빵으로 드시지요.)
2. ဟိုကန်ကို မသွား(ပါ)နဲ့။ (그 호수로 가지 마세요!)
3. မနက်ရှစ်နာရီအထိကျောင်းတက်(ပါ)။ (아침 8시까지 등교해라!)
4. အဲဒီသူငယ်ချင်းကို မ တွေ့ရပါစေ။ (그 친구는 만나지 않게 해 주세요!)
5. ပိတောက်ပန်းက သိပ် လှပါကလား 또는 လှလှချည်လား။

   (버다욱꽃은 정말 아름답구나!)
6. ဆရာ၊ စားသောက်ဆိုင်ကို သွားကြရအောင် ။

   (선생님, 식당으로 모시겠습니다!)
7. ကျွန်တော် ကိုရီးယားသံရုံးမှာ အလုပ်လုပ်တယ်။

   (저는 대한민국 대사관에서 근무합니다.)
8. ကျွန်တော့်အလုပ်အကိုင်ဟာ စာရေးဆရာပါ။ (제 직업은 작가입니다.)
9. ကျွန်တော် စစ်ဗိုလ် 또는 စစ်သားပါ ။ (저는 군인입니다.)
10. ကျွန်တော်တို့ ထိုင်းလူမျိုးပါ။ (우리는 태국사람입니다.)

Ⅱ. 문장의 형태에 유의하여 다음 문장을 한국어로 옮기시오.

1. ခေါက်ဆွဲစားသွားကြစို့။

   국수 먹으러 갑시다(권유)
2. ကားလမ်းနားမှာမရပ်ပါနဲ့။

   차로에서 멈추지 마세요.(부정 명령)
3. အော်၊ မောင်ဇော်ဇော်၊ ပြောချင်တာပြော။

   오.. 조조. 말하고 싶은 것을 말해라.(명령)

4. လိပ်စာပဲမှတ်ထားလိုက်။

주소만 받아 적어(명령)

5. သင်္ဘောမစီးပါနဲ့။ လေယာဉ်ပျံနဲ့သွားကြအောင်။

배를 타지 마세요(부정 명령). 비행기로 가세요.(청원)

6. အန္တရာယ်ရှိသလား။ ဒါဆိုရင်မလိုက်ပါရစေနဲ့။

위험합니까? 그렇다면 따라오지 마십시오.(부정 명령)

7. ဒေါ်အောင်ဆန်းစုကြည်ကိုတစ်ခေါက်လောက်တွေ့ပါရစေ။

아웅산수찌를 한번만 만나게 해 주세요(청원)

8. မြန်မာနိုင်ငံဟာ (၂၀၁၄)ခုနှစ်မှာ အာဆီယံဥက္ကဋ္ဌနိုင်ငံဖြစ်မယ်။

미얀마는 2014년 아세안 의장국입니다.

9. သူ ကိုရီးယားသံရုံးမှ သံအမတ်ကြီးပါ။

그는 한국대사관의 대사입니다.

10. ကျွန်တော် ရန်ကုန်ဆေးရုံမှာဆရာဝန်အနေနဲ့အလုပ်လုပ်တယ်။

저는 양공병원에서 의사선생님으로 근무합니다.

Ⅲ. 문장의 형태에 유의하여 다음 문장을 미얀마어로 작문하시오.

1. 이 차는 정말 빠르구나!

ဒီကားက သိပ်မြန်ပါကလား။ 또는 ဒီကားက သိပ်မြန်လှချည်လား။

2. 내일까지 숙제를 끝내라!

မနက်ဖြန်အထိ အိမ်စာပြီးအောင်လုပ်ပါ။

3. 오늘은 만나지 말자!

ဒီနေ့ မတွေ့ကြစို့။

4. 커피를 많이 마시지 마세요!

ကော်ဖီကို များများမသောက်(ပါ)နဲ့။

5. 내일 비가 오지 않게 해 주세요!

မနက်ဖြန် မိုးမရွာပါစေနဲ့။

6. 우리는 미얀마국민입니다.

ကျွန်တော်တို့ မြန်မာလူမျိုးပါ။

7. 너의 직업은 무엇입니까?

ခင်ဗျားအလုပ်အကိုင် ဘာလဲ။

8. 나의 직업은 중개업자입니다.

ကျွန်တော့်အလုပ်အကိုင် ပွဲစားပါ။

9. 교수님, 제가 말씀드린 식당에서 식사하시지요.

ဆရာ၊ ကျွန်တော်ပြောတဲ့ စားသောက်ဆိုင်မှာ ထမင်းစားရအောင်။

10. 미얀마는 중국, 태국과 국경을 맞대고 있다.

မြန်မာနဲ့ထိုင်းက နယ်စပ်ကပ်ကြတယ်။

* နယ်စပ်ကပ်တယ်။ 국경을 맞대다

4과 정답

I. 다음 빈칸에 알맞은 단어를 넣어 완성시키시오.

1. ါ နေကြာပန်းလား။ (저것은 해바라기입니까?)
2. ဒီ အဆောက်အအုံက စာကြည့်တိုက်လား။ (저 건물이 도서관입니까?)
3. ကျွန်တော့်ကို မိတ်ဆက်ပေးပါ့မယ် ခင်ဗျား။

   (여러분! 저를 소개하겠습니다.)
4. အခု ဘယ် နှစ်နာရီထိုး(ရှိ) ပြီလဲ။ (지금 몇 시입니까?)

5. ဒီနှစ်ဆရာများနေ့(က) ဘယ်နှစ်ကြိမ်မြောက်လဲ။

(올 해 스승의 날은 몇 회째입니까?)

6. ဆရာများနေ့ဟာ နှစ်တိုင်း မေလ ဆယ့်ငါးရက်နေ့ပါ။

(스승의 날은 매년 5월 15일입니다.)

7. မြန်မာဟာ အဌမ အာဆီယံအဖွဲ့ဝင်နိုင်ငံပါ။

(미얀마는 여덟 번째 아세안 회원국이다.)

8. ကျွန်တော် တထောင့်ကိုးရာ့ခုနစ်ဆယ့်ခွန်ခုနှစ် ဖေဖော်ဝါရီလ နှစ်ဆယ့်ငါးရက်နေ့မှာ မွေးပါတယ်။ (저는 1975년 2월 25일 출생입니다.)

9. ဒီနေ့ ဘာနေ့လဲ။ (오늘은 무슨 요일입니까?)

10. ဒီနေ့ သောကြာနေ့ပါ။ (오늘은 금요일입니다.)

Ⅱ. 다음 문장을 한국어로 옮기시오.

1. အဲဒီခေါက်ဆွဲစားမလား။ ဒီဟာစားမလား။

저 국수를 먹겠습니까? 이것을 먹겠습니까?

2. ါတွေကို မလိုချင်ပါဘူး။

저것들을 필요치 않습니다.

3. ဟောဒီစက္ကူမှာ စာရေးပါ။

저 종이에 쓰세요.

4. အသက်ကယ်အင်္ကျီဟာ သင့်ထိုင်ခုံအောက်မှာထားတယ်။

구명조끼는 당신 의자 아래에 있습니다.

5. ကျွန်မ ဂျပန်သံရုံးမှာသံမှူးအနေနဲ့အလုပ်လုပ်နေပါတယ်ရှင်။

저는 일본대사관에서 참사관으로 일하고 있습니다.

6. ကောဇာသက္ကရာဇ်တပေါင်းလဟာ ခရစ်သက္ကရာဇ်ရဲ့မတ်လပါ။

미얀마력 더바웅(12월)은 서기 3월입니다.

7. နှစ်ထောင်ဆယ့်နှစ်ခုနှစ် ဇန္နဝါရီလလေးရက်နေ့ဟာ

ခြောက်ဆယ့်လေးကြိမ်မြောက် လွတ်လပ်ရေးနေ့ပါ။

2012년 1월 4일은 64주년 독립기념일이다.

8. ရှင်ဟာ ဘာနေ့မှာ မွေးသလဲ။ နာမည်မှာ ဇခွဲပါလို့အင်္ဂါလား။

당신은 무슨 요일에 태어났습니까? 이름에 자괘가 들어 있으니 화요일입니까?

9. တစ်ပတ်ရဲ့တတိယဆုံးနေ့ဟာ ဘာနေ့လဲ။

일주일의 세 번째 날은 무슨 요일입니까?

10. သီးတင်းကျွတ်လမှာ ဘာပွဲကျင်းပသလဲ။

더딘줏에 무슨 축제가 열립니까?

Ⅲ. 다음 문장을 미얀마어로 작문하시오.

1. 이 차는 만달레를 갑니까?

ဒီကားက မန္တလေးကို သွားမလား။

2. 그것들로 충분하다.

အဲဒါတွေနဲ့ မလုံလောက်ဘူး။

3. 네? 무엇이라고 말하셨습니까?

ရှင်(또는) ခင်ဗျာ၊ ဘာပြော(သ)လဲ။

4. 미얀마에 몇 번 방문한적 있습니까?

မြန်မာကို ဘယ်နှစ်ကြိမ်ရောက်ဖူး(သ)လဲ။

5. 오늘은 월요일이므로, 모레는 수요일이다.

ဒီနေ့တနင်္လာနေ့ဖြစ်လို့ သန်ဘက်ခါကတော့ ဗုဒ္ဓဟူးနေ့ပါ။

6. 당신 어머니 생신은 언제입니까?

ခင်ဗျားအမေ့မွေးနေ့ကတော့ ဘယ်ရက်နေ့ဖြစ်(သ)လဲ။

7. 미얀마력 4월은 태양력 7월이다.

ကောဇာသက္ကရာဇ် ဝါဆိုလဟာ ခရစ်သက္ကရာဇ်ရဲ့ဇူလိုင်လပါ။

8. 미얀마에 5일 머무른 뒤 서울에 돌아올 겁니다.

မြန်မာမှာ ငါးရက်တည်းပြီး ဆိုး(လ်)ကို ပြန်လာမယ်။

9. 나는 1994년 3월에 대학에 입학했습니다.

ကျွန်တော် တစ်ထောင်ကိုးရာ့ကိုးဆယ့်လေးခုနှစ် မတ်လမှာ
တက္ကသိုလ်ဝင်တယ်။

10. 제 30회 박람회에는 사람들이 많습니다.

အကြိမ်သုံးဆယ်မြောက်ပြပွဲမှာ လူများတယ်။

5과 정답

Ⅰ. **다음 빈칸에 알맞은 단어를 넣어 완성시키시오.**

1. ဒီထဘီ တစ်ထည် ယူပါ့မယ်။ (이 터메잉 한 벌을 사겠습니다.)
2. ပန်သီး နှစ်လုံး နဲ့ ခဲတံ ငါးချောင်း ကိုပေးပါ။
   (사과 두 개와 연필 다섯 자루를 주세요.)
3. ကျွန်တော့် အဖေ ဟာ နွားငါးကောင် ကို မွေးတယ်။
   (나의 아버지는 소 다섯 마리를 사육하신다.)
4. အကို နဲ့ ညီလေး အတွက် စာအုပ်နှစ်အုပ် ကိုဝယ်ပြီ။
   (형과 남동생을 위해 책 두 권을 샀습니다.)
5. တက္ကစီခက အရမ်းဈေးကြီးတယ်။ (택시비가 매우 비쌉니다.)
6. အဟောင်းကို အသစ်နဲ့ ပြောင်းရတယ်။
   (옛 것을 새 것으로 교체해야 합니다.)

7. မြန်မာမှာသဘာဝ ဓာတ်ငွေ့ နဲ့ ရေနံ များများရှိတယ်။

(미얀마에는 천연가스와 원유가 많습니다.)

8. ဘုန်းကြီးကျောင်းမှာ ဘုန်းကြီးလေးပါး၊ လူကြီး သုံးဦး၊ ကျောင်းသားငါးယောက် ရှိတယ်။

(사원에는 스님 네 분, 어르신 세 분, 학생 다섯 명이 있습니다.)

9. မြန်မာမှာ နွေရာသီ၊ မိုးရာသီ၊ ဆောင်းရာသီ ရာသီဥတုသုံး မျိုး ရှိတယ်။

(미얀마에는 여름, 우기, 건기 등 세 계절이 있습니다.)

10. ဆယ် နာရီခွဲ မှာတွေ့ပြီးကျောင်းကို ဆယ့်တစ်နာရီမှာ သွားမယ်။

(10시 30분에 만나서 11시에 학교에 갈 겁니다.)

Ⅱ. 다음 빈 칸에 알맞은 단어 또는 표현을 쓰시오.

1. 명사류

파파야 한 개	သင်္ဘောသီးတစ်လုံး
택시비 3,500짯	တက္ကစီခ သုံးထောင့်ငါးရာ ကျပ်
대나무 다섯 그루	ဝါး ပင် ငါးပင်
공부방	စာဖတ်ခန်း 또는 စာသင်ခန်း
형제자매	ညီအကိုမောင်နှမ

2. 유별사

(명사) 개	(ခု)
가늘고 긴 물건	(ချောင်း)
잔	(ခွက်)
(세트) 벌	(စုံ)
(묶음, 덩어리) 개	(တုံး)
짝, 벌	(ရံ)

3. 기타

11시 7분 전	ဆယ့်တစ်နာရီထိုးဖို့ ခုနစ်မိနစ်လိုသေး
오후 1시 25분	နေ့လည် တစ်နာရီ နှစ်ဆယ့်ငါးမိနစ်
오전 9시 30분	ကိုးနာရီ ခွဲ 또는 ကိုးနာရီ မိနစ်သုံးဆယ်
오후 5시 55분	ည ငါးနာရီ ငါးဆယ့်ငါးမိနစ်

Ⅲ. 다음 문장을 미얀마어로 작문하시오.

1. 어머니와 누나는 시장에 갔습니다.

   အမေနဲ့အမက ဈေးသွားတယ်။

2. 그런 종류의 책을 사고 싶습니다.

   အဲလိုမျိုးစာအုပ်ကို ဝယ်ချင်(ပါ)တယ်။

3. 내 방은 응접실 뒤편에 있습니다.

   ကျွန်တော့်အခန်းက ဧည့်ခန်းနောက်ဘက်မှာ ရှိတယ်။

4. 나는 흰색과 검은색을 좋아합니다.

   ကျွန်တော် အဖြူနဲ့အမဲရောင်ကို ကြိုက်တယ်။

5. 쌀국수 한 그릇과 맥주 두 병 주세요.

   ခေါက်ဆွဲတစ်ပွဲနဲ့ဘီယာနှစ်လုံး(또는 ပုလင်း) ပေးပါ။

6. 통시 한 벌과 슬리피 한 벌을 샀습니다.

   လုံချည်တစ်ထည်နဲ့ဖိနပ်တစ်ရံကို ဝယ်ဟာယ်။

7. 그는 내게 편지 한 통을 보냈습니다.

   သူက ကျွန်တော့်ဆီကို စာတစ်စောင်ကို ပို့တယ်။

8. 미얀마에서 4월은 여름이 시작되는 계절입니다.

   မြန်မာမှာ ဧပြီလက နွေရာသီစတဲ့ဥတုပါ။

9. 1988년 8월 8일, 오전 8시 8분에 민주화운동이 있었습니다.

တစ်ထောင့်ကိုးရာ့ရှစ်ဆယ့်ရှစ်ခုနှစ် ဩဂုတ်လ ရှစ်ရက်နေ့မှာ

ဒီမိုကရေစီရှာပုံတော်ဖြစ်ပေါ်လာတယ်။

*민주화운동 ဒီမိုကရေစီရှာပုံတော်၊ ဒီမိုကရေစီလှုပ်ရှားမှု

10. 정오 6분 전에 나는 그를 만났습니다.

မွန်းတည့် ခြောက်မိနစ်မတိုင်ခင် ကျွန်တော် သူ့ကိုတွေ့တယ်။

6과 정답

Ⅰ. **다음 빈칸에 알맞은 단어를 넣어 완성시키시오.**

1. ဒီနေ့ရာသီဥတု ဘယ်လိုလဲ ။ (오늘 날씨는 어떻습니까?)
2. ဒီနေ့ မိုးရွာ ပြီး နက်ဖြန် နှင်းကျ မယ်။

   (오늘은 비가 오고 내일은 눈이 올 예정입니다.)
3. မိုးကြိုး ပစ် ပြီးလျှပ်စီး လက် နေတယ်။ (천둥과 번개가 칩니다.)
4. ရေခဲမုန့် အများကြီးစားရင်ဗိုက်နာတယ်။

   (아이스크림을 많이 먹으면 배가 아프다.)
5. သားသမီး ဘယ် နှစ် ယောက်ရှိသလဲ။ (자제는 몇 명 있습니까?)
6. ကွမ်းတံထွေးထွေးရင် ဏ်ငွေ ငါးထောင် ကိုပေးရတယ်။

   (꿍을 뱉으면 벌금 5천 짯을 내야합니다.)
7. အခု အခြေအနေ ကတော့ သိပ်ကောင်းလိုက်တာ။

   (지금 상황이 매우 좋습니다.)
8. မြန်မာအများစုဟာ_လယ်ယာ_စိုက်ပျိုးတယ်။

   (대부분의 미얀마 사람들은 전답에서 농사를 짓습니다.)

9. တစ်ရာဟာ နှစ်ဆယ့်ငါး ရဲ့ လေးဆ ပါ။ (100은 25의 4배이다.)

10. တစ် ပိဿာ ဟာ တစ်ဒသမခြောက်ငါးကီလို နဲ့တူတယ်။

(1 베잇따는 1.65kg과 비슷하다.)

Ⅱ. 다음 명사들을 원형에 따라 분리하고, 그 뜻을 적으시오.

အကျိုး	분리 안됨
အနာဂါတ်	분리 안됨
အရိပ်	အ + ရိပ်တယ်(그늘지다)
အချုပ်အနှောင်	အ + ချုပ်နှောင်တယ်(구금하다, 감금하다)
အစီအစဉ်	အ + စီစဉ်တယ်(계획하다)
အခွင့်အရေး	အခွင့်(기회, 허가) + အရေး(점, 사항)
ကုန်ကြမ်း	ကုန်(상품) + ကြမ်း(거친, 원래의)
ခြင်ဆေး	ခြင်(모기) + ဆေး(약)
မီးပူ	မီး(불) + ပူတယ်(뜨거운, 뜨겁다)
ရွှေဆိုင်	ရွှေ(황금) + ဆိုင်(상점, 가게)
လင်မယား	လင်(남편) + မယား(부인)
အလယ်အလတ်	အလယ်(중간, 가운데) + အလတ်(중간 크기)
အိမ်ထောင်	အိမ်(집) + ထောင်တယ်(갇히다)

Ⅲ. 다음 문장을 미얀마어로 작문하시오.

1. 오늘 날씨는 무척 변덕스럽습니다.

   ဒီနေ့ရာသီဥတုမမှန်ဘူး။

2. 내일은 눈이 오고 매우 추울 예정입니다.

   မနက်ဖြန်ကတော့ နှင်းကျပြီး အရမ်းအေးမယ်။

3. 모기가 물어서 모기장을 쳤습니다.

ခြင်ကိုက်လို့ ခြင်ထောင်ထောင်တယ်။

4. 12월에는 무슨 계획이 있습니까?

ဒီဇင်ဘာလမှာ ဘာအစီအစဉ်ရှိသလဲ။

5. 도와주는 것은 좋지만 방해하지 마세요.

ကူညီပေးတာကောင်းပေမဲ့ မနှောက်ယှက်ပါနဲ့။

6. 나의 미래를 알고 싶습니다.

ကျွန်တော်ရဲ့အနာဂါတ်ကို သိချင်တယ်။

7. 닭죽을 두 그릇 먹었습니다.

ကြက်သားပြုတ်ကို နှစ်ပွဲစားတယ်။

8. 입구는 이쪽, 출구는 저쪽입니다.

ဝင်ပေါက်က ဒီဘက်၊ ထွက်ပေါက်ကတော့ ဟိုဘက်ပါ။

9. 미얀마는 한국보다 6배 큽니다.

မြန်မာက ကိုရီးယားထက် ခြောက်ဆကျယ်ပြန့်တယ်။

*(규모) 크다 ကျယ်ပြန့်တယ်။

10. 밍글라동 공항에서 시내까지의 거리는 10마일입니다.

မင်္ဂလာဒုံလေဆိပ်က မြို့လယ်အထိ ဆယ်မိုင်ကြာတယ်။

*밍글라동 မင်္ဂလာဒုံ

7과 정답

I. **다음 빈칸에 알맞은 단어를 넣어 완성시키시오.**

1. ဒီဘုရားဟာဦးကျော်ရဲ့ ကောင်းမှု နဲ့ဆောက် လုပ်တာ ပါ။

   (이 불탑은 우 쪼씨의 공덕으로 건축된 것이다.)

2. ဆောက်လုပ်ရေး ဝန်ကြီးဌာနနဲ့ စိုက်ပျိုးရေး ဝန်ကြီးဌာနဝန်ကြီးတွေတွေ့တယ်။

   (건설부와 농업부 장관이 만났습니다.)

3. ဒီ ယဉ်ကျေးမှု ကတော့ကျွန်တော့် စိတ်ဝင်စားမှု မရှိဘူး။

   (이 문화는 나의 관심이 아닙니다.)

4. ကျွန်တော် ဒီ အမှု နဲ့မ ဆိုင် ဘူး။

   (이 사건은 나와 상관없습니다.)

5. ခင်ဗျား ရည်မှန်းချက်က ဘာလဲ။

   (당신의 희망은 무엇입니까?)

6. နှစ်နိုင်ငံ ချစ်ကြည်ရေး အတွက် ကြိုးစားမှု လုပ်တယ်။

   (양국의 우호를 위해 노력합니다.)

7. စာအုပ်နီးနီးကပ်ကပ် ဖတ်တာ မျက်လုံးအတွက်မကောင်းဘူး။

   (책을 가까이 보는 것은 눈에 좋지 않습니다.)

8. အရက်သောက် ရယ် ၊ ဆေးလိပ်သောက် ရယ် မကောင်းဘူး။

   (음주와 흡연은 좋지 않습니다.)

9. မနက်ဖြန်တွေ့ တာ မမေ့ပါနဲ့။ (내일 만날 일을 잊지 마세요.)

10. သူကမောင်ရူပအစ်ကိုဖြစ် တာကို သိမိတယ်။

    (그가 유빠의 형이라는 사실을 우연히 알았습니다.)

Ⅱ. 다음 동사들을 명사화 접미사를 사용하여 명사로 바꾸시오.

1. စီရင်တယ်။ → စီရင်ချက် (판결)
2. စားသောက်တယ်။ → စားသောက်စရာ (먹을 것)
3. စားသောက်တယ်။ → စားသောက်တာ (먹기)
4. လွတ်လပ်တယ်။ → လွတ်လပ်ရေး (독립)
5. တော်လှန်တယ်။ → တော်လှန်ရေး (혁명)
6. ရည်ရွယ်တယ်။ → ရည်ရွယ်ချက် (목적)
7. တောင်းပန်တယ်။ → တောင်းပန်မှု (사과)
8. ချမ်းသာတယ်။ → ချမ်းသာခြင်း (부유함)
9. လုပ်တယ်။ → လုပ်ရာ (일터)
10. ဖဲကစားတယ်။ → ဖဲကစားခြင်း (노름)

Ⅲ. 다음 문장을 미얀마어로 작문하시오.

1. 저는 짠 것을 좋아합니다.
   ကျွန်တော် (အရသာ)ငန်တာကို ကြိုက်တယ်။
2. 설탕, 소금, 식용유를 넣어야 합니다.
   သကြားရယ်၊ ဆားရယ်၊ စားဆီကို ထည့်ရတယ်။
3. 남쪽의 반대쪽은 북쪽이다.
   တောင်ဘက်ရဲ့ဆန့်ကျင်ဘက်က မြောက်ဘက်ပါ။
4. 이 영화는 무척 재미있습니다.(စရာ 사용)
   ဒီရုပ်ရှင်က စိတ်ဝင်စားစရာ ကောင်းတယ်။
5. 미얀마에서는 통신상황이 좋지 않습니다.
   မြန်မာမှာ ဆက်သွယ်ရေးအခြေအနေ မကောင်းဘူး။
6. 당신은 왼손잡이, 나는 오른손잡이입니다.

ခင်ဗျားကဘာယ်သန်ဖြစ်ပြီး ကျွန်တော်ညာသန်ဖြစ်တယ်။

7. 소금을 많이 넣으면 음식이 짭니다.

ဆားများများထည့်ရင် အစားအစာက ငန်လာတယ်။

8. 미얀마에는 내무부와 외무부가 있습니다.

မြန်မာမှာ ပြည်ထဲရေးဝန်ကြီးဌာနနဲ့နိုင်ငံခြားရေးဝန်ကြီးဌာနရှိတယ်။

9. 제가 말한 것을 적었습니까?

ကျွန်တော်ပြောတာကို မှတ်ထားလား။

10. 이것은 새로 산 물건인 것 같습니다.

ဒီပစ္စည်းက အသစ်ဝယ်တာမှာတယ်။

8과 정답

I. **다음 빈칸에 알맞은 단어를 넣어 완성시키시오.**

1. ဆေးသုံးလုံးကို _သောက်_ ပါ။ (약 세 알을 복용하세요.)
2. ဒီမုန့်ဟင်းခါးကိုမြည်း _ကြည့်_ ပါ့မယ်။
   (이 몽힝가를 맛보겠습니다.)
3. ဒီအခန်းမှာစာအုပ်ရှိ_တော့_ရှိ_မယ်_ ။
   (이 방에 책이 있을지도 모른다.)
4. သူသေနတ်ပစ်_တတ်_ တယ်။
   (그는 권총을 쏠 줄 압니다.)
5. ခင်ဗျားမတောင်းပန်_သေး_ဘူး။
   (당신은 아직까지 사과를 하지 않았습니다.)

6. ဆရာက အချိုရည် တိုက် တယ်။

(선생님이 음료수를 사주었습니다.)

7. စပါး အ ရိတ် ခံရ တယ်။

(수동– 벼가 잘렸습니다.)

8. ဒီအစားအစာကိုစပ် ဖြစ်စေ ပေးပါဦး။

(이 음식을 맵게 해 주세요.)

9. အဆုံးမှာတော့တရာခံ ဖမ်း 또는 အဖမ်းခံရ တယ်။

(마침내 범인이 체포되었습니다.)

10. ဒီကားက အ မြန် ဆုံး(မြန်) ပဲ။

(이 차가 가장 빠릅니다.)

Ⅱ. 다음의 자동사와 타동사를 각각 분리하시오(자동사와 타동사로 대비되지 않는 동사도 있음).

ချတယ်။	ပျောက်တယ်။	ဖေါက်တယ်။
ကျိုးတယ်။	မြင့်တယ်။	ချက်တယ်။
ကျက်တယ်။	လွှတ်တယ်။	ပေါက်တယ်။
စုတ်တယ်။	ဆုတ်တယ်။	လျှော့တယ်။
ချိုးတယ်။	ဆိုတယ်။	ပိတ်တယ်။
ဖျောက်တယ်။	မြှင့်တယ်။	ကျွေးတယ်။
စိုက်တယ်။	ခွာတယ်။	တိုက်တယ်။
ပြတ်တယ်။	ဖွင့်တယ်။	ဖြတ်တယ်။
ကျတယ်။	ဆွပ်တယ်။	လွတ်တယ်။
လျော့တယ်။	ကွာတယ်။	ပြေတယ်။
စားတယ်။	စိုတယ်။	ဆိုက်တယ်။
စွပ်တယ်။	ပွင့်တယ်။	ဖြေတယ်။
ဖိတ်တယ်။	သောက်တယ်။	

자동사	타동사
မြင့်တယ်။	မြှင့်တယ်။
ပေါက်တယ်။	ဖေါက်တယ
ပွင့်တယ်။	ဖွင့်တယ်။
သောက်တယ်။	တိုက်တယ်။
လွတ်တယ်။	လွှတ်တယ်။
ကျတယ်။	ချတယ်။
ပြတ်တယ်။	ဖြတ်တယ်။
ကျက်တယ်။	ချက်တယ်။
ကွာတယ်။	ခွာတယ်။
စားတယ်။	ကျွေးတယ်။
ပျောက်တယ်။	ဖျောက်တယ်။
လျော့တယ်။	လျှော့တယ်။
ကျိုးတယ်။	ချိုးတယ်။
စွပ်တယ်။	ဆွပ်တယ်။
စုတ်တယ်။	ဆုတ်တယ်။

나머지 동사

စွပ်တယ်။	ဆွပ်တယ်။
စုတ်တယ်။	ဆုတ်တယ်။
ပိတ်တယ်။	ဖိတ်တယ်။
ပြေတယ်။	ဖြေတယ်။
စိုက်တယ်။	ဆိုက်တယ်။
စိတယ်။	ဆိတယ်။

Ⅲ. 다음 문장을 미얀마어로 작문하시오.

1. 어디가 아프십니까?

   ဘယ်နားက နာ(သ)လဲ။

2. 저는 배가 아프고 기침도 합니다.

   ကျွန်တော် ဗိုက်နာပြီးချောင်းလဲဆိုးတယ်။

3. 배탈이 나서 약을 먹어야 합니다.

   ဗိုက်ပျက်လို့ဆေးသောက်ရတယ်။

4. 이 문제를 풀어보세요.

   ဒီမေးခွန်းကိုဖြေပါ။

5. 이 물건들을 가져가라고 그에게 시켰다.

   ဒီပစ္စည်းတွေကို သယ်ဖို့သူခိုင်းတယ်။

6. 저는 담배를 끊었습니다(금연했습니다).

   ကျွန်တော် ဆေးလိပ်ဖြတ်ပြီ။

7. 형이 지갑을 도둑맞았습니다.

   အကိုက ပိုက်ဆံအိတ်ကို အခိုးခံရတယ်။

8. 발이 부러진 새를 치료했습니다.

   ခြေထောက်ကျိုးတဲ့ငှက်တစ်ကောင်းကို ဆေးကုပေးတယ်။

   * 치료하다 ဆေးကုတယ်။

9. 종이를 찢지 마세요.

   စက္ကူကိုမဆုတ်ပါနဲ့။

10. 그는 제일 나쁜 사람입니다.

    သူက အဆိုးဆုံးလူပါ။

9과 정답

Ⅰ. **다음 빈칸에 알맞은 단어를 넣어 완성시키시오.**

1. မြန်မာငွေကို ကိုရီးယာဝမ်နဲ့ လဲ ချင်တယ်။

   (미얀마돈을 한국 원으로 바꾸고 싶습니다.)

2. မြန်မာကို ပိုက်ဆံ ပို့ ချင်တယ်။ (미얀마로 돈을 보내고 싶습니다.)

3. ဒီမှာတံဆိပ်တုံး ထု ပါ။ (여기에 도장을 찍으십시오.)

4. ဘဏ်စာအုပ် နဲ့တံဆိပ်တုံးရှိရင်ငွေ ချေး နိုင်တယ်။

   (통장과 도장이 있어야 대출이 가능합니다.)

5. ခင်ဗျားတူရိယာပစ္စည်း တီးမှုတ် တတ်သလား။

   (당신은 악기를 연주할 수 있습니까?)

6. သုံးနာရီမှာ သူငယ်ချင်းနဲ့ ချိန်းထား တယ်။

   (3시에 친구와 약속을 했습니다.)

7. ခေါင်း လျှော် ပြီးလက် ဆေး တယ်။ (머리를 감고, 손을 씻었습니다.)

8. ဆရာနဲ့ လမ်းလျှောက် သွားတယ်။ (선생님과 산책하러 나갔습니다.)

9. သူတွေ့ဖို့ဟိုတယ်ကို လာကြို နေတယ်။

   (그를 만나기 위해 호텔까지 마중 나왔습니다.)

10. သုံးနဲ့လေးကို မြှောက် ရင်ဆယ့်နှစ်ပါ။ (3 곱하기 4는 12이다.)

Ⅱ. **다음 동사들을 원형에 따라 분리하고, 그 뜻을 적으시오.**

ကျင့်သုံးတယ်။ 개최하다 → ကျင့်တယ်။ (실행하다) + သုံးတယ်။ (사용하다)

တိုးမြှင့်တယ်။ 발전하다 → တိုးတယ်။ (오르다) + မြှင့်တယ်။ (올리다)

တည်းခိုတယ်။ 머무르다, 숙박하다 → တည်းတယ်။ (머물다) + ခိုတယ်။ (피하다)

စိတ်ကူးတယ်။ 상상하다 → စိတ်(마음) + ကူးတယ်။ (건너다)

ခေါင်းချတယ်။ 죽다 → ခေါင်း (머리) + ချတယ်။ (떨어뜨리다)

နားပေါက်တယ်။ 이해하다 → နား(귀) + ပေါက်တယ်။ (열리다)

နှလုံးလှတယ်။ 마음씨가 곱다 → နှလုံး(심장) + လှတယ်။ (아름답다)

နှုတ်ဆက်တယ်။ 인사하다, 안부를 전하다 → နှုတ်(입) + ဆက်တယ်။ (연결하다)

သဘောတူတယ်။ 동의하다. → သဘော (성격) + တူ (동일한)

သဘောပေါက်တယ်။ 이해하다. → သဘော (성격) + ပေါက်တယ်။ (열리다)

လက်ထပ်တယ်။ 결혼하다. → လက် (손) + တပ်တယ်။ (포개다, 겹치다)

အားပေးတယ်။ 격려하다 → အား (힘) + ပေးတယ်။ (주다)

သီချင်းဆိုတယ်။ 노래하다 → သီချင်း(노래) + ဆိုတယ်။ (말하다)

အရွယ်တင်တယ်။ 동안이다 → အရွယ်(연령) + တင်တယ်။ (어떤 곳에 두다)

Ⅲ. 다음 문장을 미얀마어로 작문하시오.

1. 형이 나에게서 5천원을 빌렸습니다.
   အကိုက ကျွန်တော့်ဆီကို ဝမ်ငါးထောင်ချေးတယ်။
2. 이 은행은 이자율이 낮습니다.
   ဒီဘဏ်ရဲ့အတိုးနှုန်းက နည်းတယ်။
3. 이 종이에 서명해 주십시오.
   ဒီစက္ကူမှာ လက်မှတ်ထိုးပေးပါ။
4. 최신 노래 한 곡 불러보세요.
   ခေတ်ပေါ်သီချင်းတစ်ပုဒ်ကို ဆိုပါဦး။
5. 세수하고, 손을 씻었습니다.
   မျက်နှာသစ်ပြီးလက်ဆေးတယ်။
6. 걱정하지 마세요.

စိတ်မပူ(ပါ)နဲ့။

7. 술을 많이 마셔서 머리가 아픕니다.

အရက်အများကြီးသောက်လို့ခေါင်းကိုက်တယ်။

8. 그는 성격이 매우 좋습니다.

သူ သဘောကောင်းတယ်။

9. 남한과 북한은 통일되어야 합니다.

တောင်ကိုရီးယားနဲ့မြောက်ကိုရီးယားက ညီညွတ်ရတယ်။

10. 차로에서는 조심하세요.

ကားလမ်းဘေးမှာ ဂရုစိုက်ရတယ်။

10과 정답

Ⅰ. 다음 빈칸에 알맞은 단어를 넣어 완성시키시오.

1. ကျွန်တော် ဒီကိစ္စနဲ့ လုံးဝ မဆိုင်ဘူး။

(저는 이 일과 전혀 관련이 없습니다.)

2. မြန်မာအပြင် တခြား ပြည်ကိုပရောက်ဖူးဘူး။

(미얀마를 제외한 다른 나라는 가 본적이 없습니다.)

3. သူအပြစ်မရှိခြင်းကို ပွင့်ပွင့်လင်းလင်း အခိုင်အမာပြောတယ်။

(그는 명확하게 결백을 주장했다.)

4. ဒီနေ့အဝတ် အသစ် ဝတ်တယ်။ (오늘 새 옷을 입었다.)

5. ခင်ဗျား ခပ် နောက်ကျကျလာတယ်။ (당신은 꽤 늦게 왔다.)

6. စနစ်မကျ ဖြစ်လာတယ်။ (엉망이 되어 간다.)

7. လုပ်နေတဲ့အလုပ်ကို ဆက် လုပ်ပါ။ (하던 일을 계속하세요.)

8. သူ ရုတ်တရက် 또는 ဗြုန်းခနဲ ငို___တယ်။ (그는 갑자기 울기 시작했다.)

9. စာမေးပွဲ အနိုင်နိုင် အောင်မြင်တယ်။ (시험에 가까스로 통과했다.)

10. ကိုယ်အလေးချိန် ပို 또는 ပိုမို ဝလာပြီ။ (살이 더 쪘다.)

Ⅱ. 다음 그림에 알맞은 미얀마어를 쓰시오.

(머리) ခေါင်း

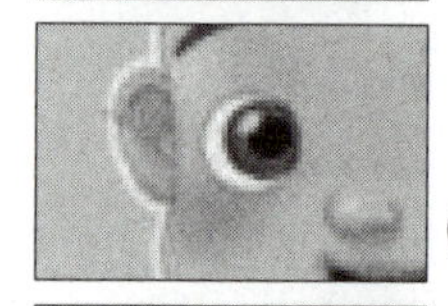
(눈) မျက်လုံး

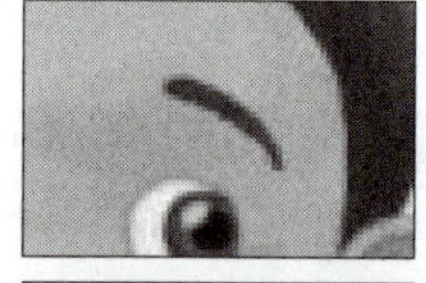
(눈썹) မျက်ခုံး

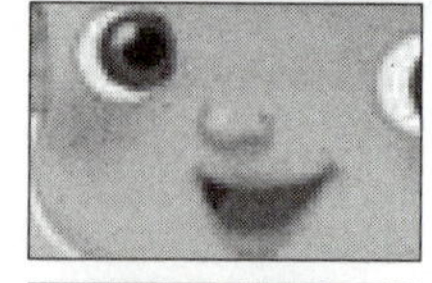
(코) နှာခေါင်း

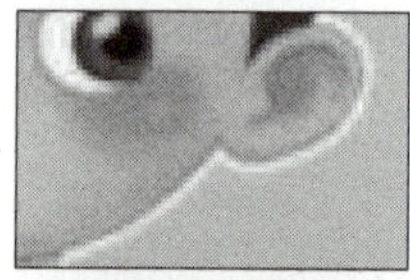
(보조개) ပါးချိုင့်

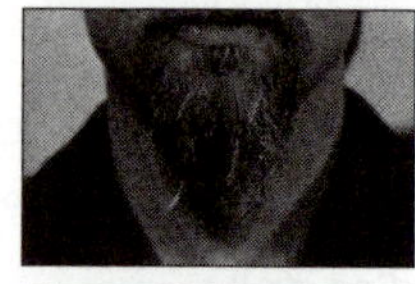
(턱수염) မုတ်ဆိတ်မွေး

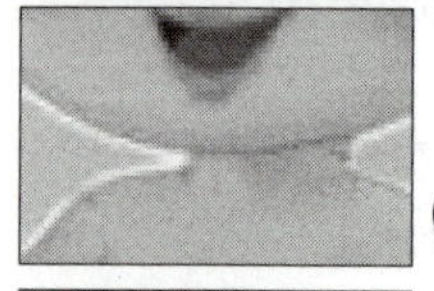
(턱) မေး

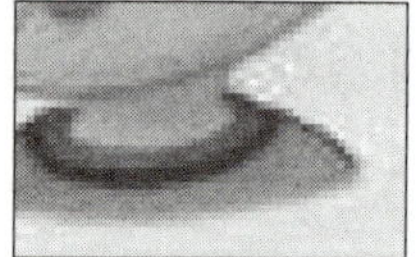
(목) လည်ပင်း

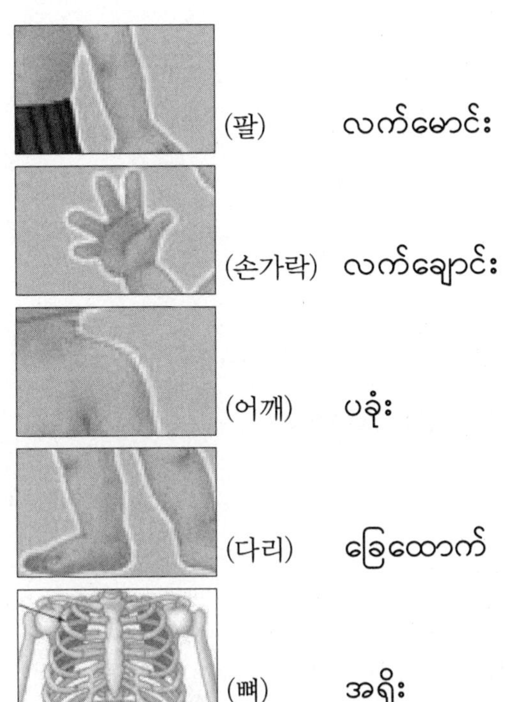

Ⅲ. 다음 문장을 미얀마어로 작문하시오.

1. 형은 자주 늦게 일어난다.

   အကိုက ခဏခဏ အိပ်ရာထနောက်ကျတယ်။

2. 체계적으로 생활하세요.

   စနစ်တကျနေပါ(ဦး)။

3. 신발이 반짝반짝 빛난다.

   ဖိနပ်ကတဖိတ်တဖိတ်လင်းတယ်။

   * တောက်တယ်။ 빛나다

4. 정확하게 말하세요.

   မှန်မှန်ကန်ကန်ပြောပါ။

5. 집에서 조용히 있었다.

   အိမ်မှာ အေးအေးဆေးဆေးနေ(ခဲ့)တယ်။

6. 좀 빨리 따라오세요.

ခပ်မြန်မြန် လိုက်လာခဲ့ပါ။

7. 즉시 경찰서로 가세요.

ချက်ချင်းရဲစခန်းကို သွားပါ။

* ရဲစခန်း 경찰서

8. 빙판 길에서는 조심스럽게 걸어야 한다.

ရေခဲဖုံးလမ်းမှာ ဂရုတစိုက်လမ်းလျှောက်ရတယ်။

* ရေခဲဖုံးလမ်း 빙판 길

9. 무심코 말을 했다.

လွှတ်ခနဲစကားပြောတယ်။

10. 차가운 냉커피 한 잔 마시고 싶다.

ကော်ဖီအေးအေးချမ်းချမ်းတစ်ခွက်လောက် သောက်ချင်တယ်။

11과 정답

I . **다음 빈칸에 알맞은 단어를 넣어 완성시키시오.**

1. ကျွန်တော် မော်လမြိုင် က လာတယ်။
   (저는 몰러먀잉 출신입니다.)
2. ခဲတံ နဲ့ ကျောင်းသား ဘယ်မှာရှိသလဲ။
   (연필을 든 학생이 어디 있습니까?)
3. အခု ဆရာဆီ ကို လာမယ်။ (지금 선생님께 가겠습니다.)
4. ဒီနေ့အဝတ် အသစ် ဝတ်တယ်။ (오늘 새 옷을 입었다.)

5. ရန်ကုန်ရောက် ရောက်ချင်း ဖုန်းဆက်ပါ။

(양공에 도착하자마자 전화하세요.)

6. ဘောလ်ပင် မဟုတ်ရင် ဖောင်တိန်ကိုပေးပါ။

(볼펜 아니면 만년필을 주세요.)

7. ဒီအကြောင်း တောင် မသိသေးဘူး။

(이 사실조차 몰랐습니다.)

8. ဒီကွန်ပျူတာ နဲ့ပတ်သက်ပြီး ရှင်းပြမယ်။

(이 컴퓨터에 대해 설명하겠습니다.)

9. ဒီအခန်း မှာ ဘယ်သူ မှ မရှိဘူး။

(이 방에는 아무도 없습니다.)

10. ထမင်း အစား ခေါက်ဆွဲစားတယ်။

(밥 대신 국수를 먹었습니다.)

Ⅱ. **다음 문장을 한국어로 옮기시오.**

၁။ မြန်မာနိုင်ငံက ဆန်စားလို့ကောင်းတယ်။

미얀마산 쌀은 맛있습니다.

၂။ နောက်ဆုံး သူ့ကိုမတွေ့တော့ဘူး။

결국에는 그를 만나지 못했습니다.

၃။ တနှစ်ကို သုံးကြိမ် စာမေးပွဲဖြေရမယ်။

1년에 3회 시험을 쳐야합니다.

၄။ သူ့ဆီမှာ မြန်မာစာအုပ်တွေရှိတယ်။

그에게 미얀마책들이 있습니다.

၅။ ဟိုဆိုင်ကဘောင်းဘီတွေတစ်ခွန်းဈေးနဲ့ရောင်းတယ်။

저 가게의 바지들은 정찰제로 판매합니다.

၆။ ရန်ကုန်လာရင် ဦးလှဖေနဲ့ တွေ့နိုင်တယ်။

양공에 오면 흘라페씨를 만날 수 있습니다.

၇။ ပုဂံကိုအလည်လာဖို့စီစဉ်ထားတယ်။

버강 여행할 것을 계획했습니다.

၈။ ခင်ဗျားနားလည်အောင်ကျွန်တော်ပြန်ပြောမယ်။

당신이 이해하도록 제가 다시 말씀드리겠습니다.

၉။ အေးအေးဆေးဆေးအိပ်လို့ဖြစ်တယ်။

조용히 잘 수 있었습니다.

၁၀။ ထမင်းမစားခင် လက်ဆေးရတယ်။

밥을 먹기 전 손을 씻어야 합니다.

၁၁။ ကိုးကွယ်တဲ့ဘာသာအလိုက် ရှိခိုးကြတယ်။

믿는 종교에 따라 기도합니다.

၁၂။ ဘာအဝတ်ဖြစ်ဖြစ် ခင်ဗျားကြိုက်မယ်။

어떤 옷이든지 당신은 좋아할 것입니다.

၁၃။ လေယာဉ်ပျံနဲ့တော့ ရောက်ဖူးတယ်။

비행기로도 가봤습니다.

၁၄။ ကျွန်တော်တို့ နှစ်ယောက်တည်းလာတယ်။

우리들 두명만 왔습니다.

၁၅။ ကျွန်တော်ဖြင့်ကူညီပေးစရာလုံးဝမရှိဘူး။

나로서 도와줄 것이 전혀 없습니다.

Ⅲ. **다음 문장을 미얀마어로 작문하시오.**

1. 검은 옷을 입은 사람이 제 형입니다.

   အမဲရောင်အဝတ်နဲ့လူက ကျွန်တော့်အကိုပါ။

2. 일본에 다녀올 일이 있습니다.

   ဂျပန်ကို သွားစရာရှိတယ်။

3. 시험이 끝날 때까지 집중했습니다.

   စာမေးပွဲပြီးတဲ့အထိ အာရုံစိုက်တယ်။

   * အာရုံစိုက်တယ်။ 집중하다

4. 아이 때문에 외출을 못했습니다.

   ကလေးအတွက်အပြင်မသွားတော့ဘူး။

5. 늦지 않도록 준비하세요.

   နောက်မကျအောင်ပြင်ဆင်ပါဦး။

   * ပြင်ဆင်တယ်။ 준비하다

6. 밥 먹자마자 눕지 마세요.

   ထမင်းစားပြီးပြီးချင်း မလှဲပါနဲ့။

   * လှဲတယ်။ 눕다

7. 이 식당에는 볶음밥이면 볶음밥, 국수면 국수 모두 먹을 수 있습니다.

   ဒီစားသောက်ဆိုင်မှာ ထမင်းကြော်ဖြစ်ဖြစ်၊ ခေါက်ဆွဲဖြစ်ဖြစ် အားလုံးစားနိုင်တယ်။

8. 미얀마어라면 조금 할 수 있습니다.

မြန်မာစာတော့ နည်းနည်းပြောတတ်တယ်။

9. 저는 학교에 갈 예정입니다. 당신은요?

ကျွန်တော်ကျောင်းတက်မယ်။ ခင်ဗျားကော 또는 ရော။

10. 이 약에 관해 설명해 주세요.

ဒီဆေးနဲ့ပတ်သက်ပြီးရှင်းပြပေးပါ။

* ရှင်းပြတယ်။ 설명하다

Memo

Memo